建筑施工会计
真账实操全流程演练
（第2版）

平准　编著

人民邮电出版社

北京

图书在版编目（CIP）数据

建筑施工会计真账实操全流程演练 / 平准编著. --
2版. -- 北京 : 人民邮电出版社, 2020.1
ISBN 978-7-115-52593-2

Ⅰ. ①建… Ⅱ. ①平… Ⅲ. ①建筑施工企业－工业会
计 Ⅳ. ①F407.967.2

中国版本图书馆CIP数据核字(2019)第258515号

内 容 提 要

本书共7章，内容涵盖了建筑施工企业常见的会计核算实务，分别是建筑施工企业会计概述、往来账项的会计核算、材料物资的会计核算、固定资产的会计核算、成本费用的会计核算、施工企业的收入、财务会计报告。本书按照建筑施工业务的阶段流程，全面、准确、深入地解读了大量案例，还原了实务中的会计操作，条理分明，便于读者了解各个阶段会计核算的特点。

本书可供在建筑施工企业从事会计工作的人员阅读，特别是初入此行业的会计人员。

◆ 编　著　平　准
　　责任编辑　李士振
　　责任印制　周昇亮

◆ 人民邮电出版社出版发行　北京市丰台区成寿寺路 11 号
　　邮编　100164　电子邮件　315@ptpress.com.cn
　　网址　http://www.ptpress.com.cn
　　廊坊市印艺阁数字科技有限公司印刷

◆ 开本：700×1000　1/16
　　印张：13.75　　　　　　　2020 年 1 月第 2 版
　　字数：298 千字　　　　　2025 年 2 月河北第 19 次印刷

定价：59.80 元

读者服务热线：(010)81055296　印装质量热线：(010)81055316
反盗版热线：(010)81055315

前言 | Preface

多年以来，建筑施工行业一直是我国经济增长的支柱产业之一。为了满足建筑施工企业会计从业者的业务需要，我们编写了本书，以期帮助建筑施工企业会计从业人员领会企业会计准则的精髓，做好建筑施工企业的会计实务工作。

本书主要内容

本书结合建筑施工企业的业务特点，将建筑施工企业的经营划分为往来账项的会计核算、材料物资的会计核算、固定资产的会计核算、成本费用的会计核算、施工收入的会计核算，以及编制会计报表6个阶段，依次详细介绍了每个阶段的业务操作及相应的会计处理，使读者能够结合业务运行过程，掌握其会计核算的要求，实现规则与实务的紧密结合，切实提高动手操作的能力。

本书主要特色

特色一：结构新颖，打造以业务流程为主线的会计实务用书

作为一本会计实务用书必须要做到因地制宜，简洁、高效地说明和解决实务问题。正因如此，本书一改传统会计书的讲解模式，不再按照会计科目分章节展开，而是以建筑施工企业的业务阶段为主线来展开，结构新颖，让读者在企业的业务流程中掌握会计核算的方法。

特色二：全面剖析，实现会计与税务的"强强联合"

本书在对建筑施工企业的会计实务进行深入分析的基础上，还关注到税收这一影响企业收益的重要支出事项，并将其分立为每个经营阶段的一部分，单独进行剖析。由于建筑施工企业经营范围的逐步扩大，所涉税种逐步增多，因此实现会计与税务有效结合对建筑施工企业进行税收筹划、谋求长远发展具有重要意义。

特色三：图文并茂，有利于读者对知识点的理解

本书结合会计学习的特点，尽量做到深入浅出，将一些系统性的知识点以图表的形式列示，语言简洁、内容翔实、结构清晰、前后联系、对比分析，使读者加深了对相关知识的理解和记忆，便于总结提炼，这也是本书的一大特点。

特色四：精讲案例，通向实务的快速车道

笔者基于在建筑施工企业的多年从业经验，针对大部分较难处理的业务事项，精心编写了相应的案例，并对此展开全面、准确、深入的解读，还原了实务中的会计操作，从而能有效提升读者解决实际问题的能力。

本书适用人群

（1）如果你是初入建筑施工企业的会计新人，想要具体了解此行业的会计核算，建议你按照章节顺序，依次了解和学习。

（2）如果你想成为建筑施工企业会计核算的高手，可以从目录中检索出想要深入学习和掌握的部分，进行有针对性的阅读和提升。

本书创作团队

本书由平准老师及其团队编写，具体参与编写的有姚敏（中国财政科学研究院）、刘淑凤（中国财政科学研究院）、许诺（中国财政科学研究院）、普艳阳（中国财政科学研究院）、张雅玲（中央财经大学）、王宁（中央财经大学）。

本书自首版问世以来，以其讲解透彻、切近实务而深受广大读者的欢迎。为了适应国家新法规的要求，我们对本书进行了全面的修订。本次修订主要体现在以下 3 个方面。

第一，依据 2019 年 4 月 1 日起开始执行的增值税新税率，对相关内容进行了修订与完善。

第二，对生物资产、对外投资等相关内容，进行了进一步的扩充，优化了

相应的实务案例。

第三，依据小企业会计实务的新变化，对相关的实务案例进行了修订与补充。

由于时间仓促，书中难免存在不足之处，敬请广大同仁和读者不吝指教。

编者

目录 Contents

第5章 归集分配是关键
——成本费用的会计核算

第 6 章　何时才算赚到钱——施工企业的收入

第 7 章 四张表，看懂房企的来龙去脉
——财务会计报告

第 1 章
你真的懂会计吗——施工企业会计概述

1.1　施工企业的主要业务

1.1.1　会盖房子的企业就是施工企业吗

施工企业是从事建筑工程、设备安装工程以及其他专项工程施工的生产型企业。它通过组织、利用生产资料将劳动对象建造或安装成为特定的工程产品，即施工企业通过施工生产活动，把各种建筑材料转变为具有特定用途的各类建筑产品。它主要包括各类建筑安装公司、机械化施工公司、基础工程公司、电力建设工程公司、市政工程公司、装修和装饰工程公司等。

1.1.2　施工企业的业务经营特点

施工企业的业务经营特点见图 1-1。

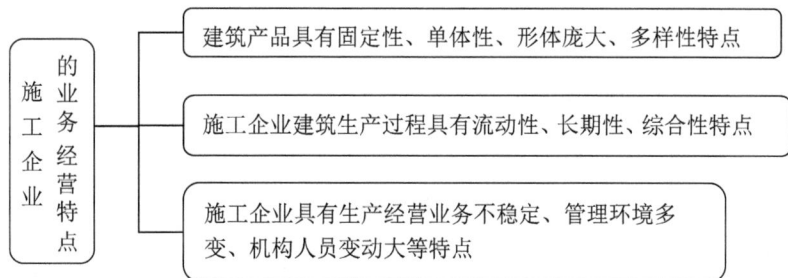

图 1-1　施工企业的业务经营特点

知识链接　　　　　　　建筑工程施工总承包资质标准

建筑工程施工总承包资质分为一级、二级、三级。其中，一级资质的标准如下。

（1）企业资产：净资产1亿元以上。

（2）企业主要人员：①建筑工程、机电工程专业一级注册建造师合计不少于12人，其中建筑工程专业一级注册建造师不少于9人；②技术负责人具有10年以上从事工程施工技术管理的工作经验，且具有结构专业高级职称；具有建筑工程相关专业中级以上职称的人员不少于30人，且结构、给排水、暖通、电气等专业齐全；③持有岗位证书的施工现场管理人员不少于50人，且施工员、质量员、安全员、机械员、造价员、劳务员等人员齐全；④经考核或培训合格的中级工以上技术工人不少于150人。

（3）企业工程业绩：近5年承担过下列4类中的2类工程的施工总承包或主体工程承包，工程质量合格。①地上25层以上的民用建筑工程1项或地上18~24层的民用建筑工程2项；②高度100米以上的构筑物工程1项或高度80~100米（不含）的构筑物工程2项；③建筑面积12万平方米以上的建筑工程1项或建筑面积10万平方米以上的建筑工程2项；④钢筋混凝土结构单跨30米以上（或钢结构单跨36米以上）的建筑工程1项或钢筋混凝土结构单跨27~30米（不含）［或钢结构单跨30~36米（不含）］的建筑工程2项。

1.2　会计为施工企业创造什么价值

1.2.1　不要说你懂施工会计

施工企业会计是以货币为主要计量单位，按照现行会计法规体系的要求，运用一套专门的核算方法，对施工企业的经济活动进行连续、系统、全面的核算和监督，真实、准确、及时地提供会计信息。它是加强施工企业管理，促进提高经济效益的经济管理活动。施工企业通过会计计量、计算和登记，能及时地取得生产经营管理所必需的各种信息和数据。这对施工企业的管理具有重要意义。

1.2.2　施工企业会计核算的特点

施工企业会计核算的特点见图 1-2。

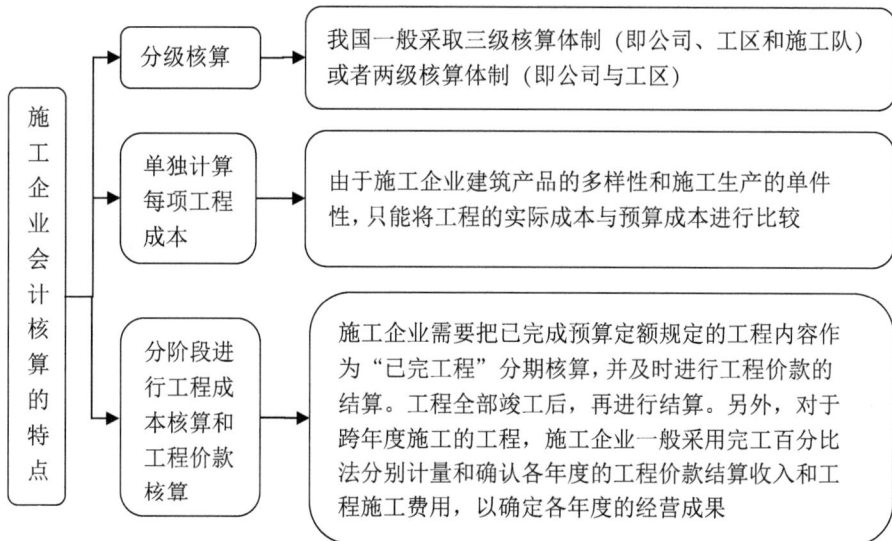

图 1-2　施工企业会计核算的特点

我国的企业会计准则和相关规范对企业会计工作做了统一的规范，形成了一套与国际会计准则趋同的会计体系。统一的科目设置和统一的记账方法使得各行各业有了一定的可比的标准。但是，具体对于每个行业和每个企业来说，其生产经营特点仍然会影响会计科目的设置。这里仅就施工企业不同于一般意义上的会计科目进行简单的介绍。

（一）"周转材料"科目

1. 概念：周转材料是指企业能够多次使用、逐渐转移其价值但仍保持原有形态且不确认为固定资产的材料，主要包括钢模板、木模板、脚手架和其他周转材料。根据企业会计准则的规定，低值易耗品属于周转材料。

2. 明细账的设置：在五五摊销法下（一般情况下采用这种方法，但也可以采用其他方法），企业应按周转材料的种类，分别按照"在库""在用"和"摊销"进行明细核算。

周转材料——钢模板（在库钢模板）

（在用钢模板）

（钢模板摊销）

3.主要账务处理如下。

（1）企业购入、自制、委托外单位加工完成并已验收入库的周转材料等：

借：周转材料

　　贷：银行存款

采用一次转销法的，领用时应按其账面价值：

借：管理费用 / 生产成本 / 销售费用 / 工程施工等

　　贷：周转材料

周转材料报废时，应按报废周转材料的残料价值：

借：原材料等

　　贷：管理费用 / 生产成本 / 销售费用 / 工程施工等

（2）采用其他摊销法的，领用时应按其账面价值：

借：周转材料（在用）

　　贷：周转材料（在库）

摊销时应按摊销额：

借：管理费用 / 生产成本 / 销售费用 / 工程施工等

　　贷：周转材料（摊销）

周转材料报废时应补提摊销额：

借：管理费用 / 生产成本 / 销售费用 / 工程施工等

　　贷：周转材料（摊销）

同时，按报废周转材料的残料价值：

借：原材料等

　　贷：管理费用 / 生产成本 / 销售费用 / 工程施工等

对于全部已提摊销额应一并转销：

借：周转材料（摊销）

　　贷：周转材料（在用）

（二）"固定资产"科目

1.核算内容：核算施工企业持有的固定资产原价和临时设施的原价。

2.明细账的设置：按固定资产类别和项目进行明细核算。

固定资产——房屋建筑物类（办公楼）

（仓库）

（临时设施）

——机械设备类（挖掘机——××型号）

（破碎机——××型号）

3.主要账务处理：账务处理在第 4 章中会有详细介绍。

（三）"合同履约成本"科目

1.核算内容：核算施工企业为履行当前或预期取得的合同所发生的、不属于其他企业会计准则规范范围且按照《企业会计准则第 14 号——收入》应当确认为一项资产的成本。

2.明细账的设置：根据建造合同，分别"服务成本""工程施工"等进行明细核算。

合同履约成本——服务成本

——工程施工

当涉及服务成本时，借：合同履约成本——服务成本

其余例如材料费等计入合同履约成本——工程施工明细科目贷记原材料等

3.主要账务处理如下。

（1）企业进行合同建造时发生的人工费、材料费、机械使用费以及施工现场材料的二次搬运费、生产工具和用具使用费、检验试验费、临时设施折旧费等其他直接费用：

借：合同履约成本

　　贷：应付职工薪酬/原材料等

发生的施工、生产单位管理人员职工薪酬、固定资产折旧费、财产保险费、工程保修费、排污费等间接费用：

　　借：合同履约成本

　　　　贷：累计折旧 / 银行存款等

确认合同成本时，对合同履约成本进行摊销：

　　借：主营业务成本 / 其他业务成本

　　　　贷：合同履约成本

（2）本科目期末借方余额，反映企业尚未结转的合同履约成本。

（四）"合同结算"科目

1. 核算内容：核算施工企业根据建造合同约定向业主办理结算的累计金额。

2. 明细账的设置：按建造合同进行明细核算。

（1）"合同结算——价款结算"科目反映定期与客户进行结算的金额。

（2）"合同结算——收入结转"科目反映按履约进度结转的收入金额。

3. 主要账务处理：

（1）企业向业主办理工程价款结算，按应结算的金额编制如下会计分录：

　　借：应收账款

　　　　贷：合同结算——价款结算

（2）企业按完工进度等方法进行收入结转时，按应确认的收入金额作如下会计分录：

　　借：合同结算——收入结转

　　　　贷：主营业务收入

（五）"机械作业"科目

1. 核算内容：核算施工企业及其内部独立核算的施工单位、机械站和运输队使用自有施工机械和运输设备进行机械作业（包括机械化施工和运输作业等）所发生的各项费用。

施工企业及其内部独立核算的施工单位，从外单位或本企业其他内部独立核算的机械站租入施工机械发生的机械租赁费，在合同履约成本账户核算。

施工企业内部独立核算的机械施工、运输单位使用自有施工机械或运输设备进行机械作业所发生的各项费用，可按成本核算对象和成本项目进行归集。

　　提示：成本项目一般分为人工费、燃料及动力费、折旧及修理费、其他直接费用、间接费用（为组织和管理机械作业生产所发生的费用）。

　　2. 明细账的设置：按施工机械或运输设备的种类等进行明细核算。

机械作业——挖掘机（人工费）

　　　　　　　　　　（燃料及动力费）

　　　　　　　　　　（折旧及修理费）

　　　　　　　　　　（其他直接费用）

　　　　　　　　　　（间接费用）

　　3. 主要账务处理如下。

　　（1）企业发生机械作业支出时：

借：机械作业

　　贷：原材料／应付职工薪酬／累计折旧等

　　（2）期（月）末，企业及其内部独立核算的施工单位、机械站和运输队为本单位承包的工程进行机械化施工和运输作业的成本，应转入承包工程的成本：

借：合同履约成本

　　贷：机械作业

对外单位、专项工程等提供机械作业（包括运输设备）的成本：

借：劳务成本

　　贷：机械作业

第2章
一清二楚——往来款项的会计核算

2.1　外部往来款项的核算

2.1.1　应收账款和应付账款的核算

（一）应收账款的概念

应收账款的概念及特征见表2-1。

表2-1　应收账款的概念及特征

应收账款 的概念	企业因销售商品、提供劳务等经营活动，应向购货单位或接受劳务单位收取的款项，主要包括企业销售商品或提供劳务等应向有关债务人收取的价款及代购货单位垫付的包装费、运杂费等
应收账款 的特征	应收账款是企业因销售商品、提供劳务等经营活动所形成的债权
	应收账款是指流动资产性质的债权
	应收账款是企业应收客户的款项，包括代垫的运杂费，不包括企业付出的各类存出保证金，如投标保证金和租入包装物保证金

（二）应收账款的计价

应收账款通常应按实际发生额计价入账。计价时，企业还需要考虑商业折扣和现金折扣等因素。企业在对应收账款计价时应考虑的因素见表2-2。

表 2-2 企业在对应收账款计价时应考虑的因素

因素	含义	处理方法
商业折扣	企业根据市场供需情况，或针对不同的客户，在商品标价上给予的扣除，是为鼓励客户购买本企业的产品而给予客户的价格优惠	企业应收账款入账金额应按扣除商业折扣以后的实际售价确认，是企业最常用的促销手段
现金折扣	卖方为鼓励买方在规定的期限内付款，而向买方提供的债务扣除	现金折扣一般用"折扣/付款期限"表示。例如，买方在 10 日内付款，卖方可按售价给予买方 2% 的折扣，用"2/10"表示；在 30 日内付款，则不给折扣，用"n/30"表示。在存在现金折扣的情况下，应收账款应以未减去现金折扣的金额作为入账价值。实际发生的现金折扣，作为一种理财费用，计入发生当期的损益

（三）应收账款的会计核算

为了反映应收账款的增减变动及其结存情况，企业应设置"应收账款"科目。不单独设置"预收账款"科目的企业应在"应收账款"科目核算预收的账款。"应收账款"科目的借方登记应收账款的增加，贷方登记应收账款的收回及确认的坏账损失。特别需要说明的是，企业代购货单位垫付的包装费、运杂费也应计入应收账款，通过"应收账款"科目核算。

期末"应收账款"科目的余额一般在借方，反映企业当时尚未收回的应收账款；如果期末余额在贷方，则反映企业预收的账款。

① 企业发生的应收账款，在没有商业折扣的情况下，按应收的全部金额入账。

【例 2-1】发生、收回应收账款时的会计核算

北方建材公司 2×19 年向某企业销售了一批水泥，货款为 50 000 元，增值税税率为 13%，销项税额为 6 500 元，代垫运费 2 000 元，销项税额为 180 元，已办妥银行收款手续。

借：应收账款   58 680

贷：主营业务收入	50 000
应交税费——应交增值税（销项税额）	6 680
银行存款	2 000

收到货款时：

借：银行存款	58 680
贷：应收账款	58 680

②企业发生的应收账款，在有商业折扣的情况下，应按扣除商业折扣后的余额入账。

【例2-2】有商业折扣的情况下，发生、收回应收账款时的会计核算

北方建材公司2×19年对外销售了一批塑料管线，按价目表标明的价格计算，金额为20 000元，由于是成批销售，销货方给购货方10%的商业折扣，金额为2 000元，销货方应收账款的入账金额为18 000元，适用的增值税率为13%。销售额和折扣额在同一专用发票上注明。

（1）销售实现时，北方建材公司应进行如下账务处理：

借：应收账款	20 340
贷：主营业务收入	18 000
应交税费——应交增值税（销项税额）	2 340

（2）收到货款时，北方建材公司应进行如下账务处理：

借：银行存款	20 340
贷：应收账款	20 340

③企业发生的应收账款，在有现金折扣的情况下，采用总价法入账，发生的现金折扣作为财务费用处理。

【例2-3】有现金折扣时，发生、收回应收账款时的会计核算

北方建材公司2×19年销售墙面漆一批，货款合计10 000元，规定的现金折扣条件为"2/10，n/30"，适用的增值税为13%，产品交付并办妥托收手续。

借：应收账款	11 300
贷：主营业务收入	10 000
应交税费——应交增值税（销项税额）	1 300

收到货款时，根据购货企业是否得到现金折扣的情况入账。如果在10天内收到上

述货款，则北方建材的账务处理如下：

借：银行存款　　　　　　　　　　　　　　　　　　11 074

　　财务费用　　　　　　　　　　　　　　　　　　　226

　　贷：应收账款　　　　　　　　　　　　　　　　　　　11 300

如果购货方的付款日期超过了现金折扣的最后期限：

借：银行存款　　　　　　　　　　　　　　　　　　11 300

　　贷：应收账款　　　　　　　　　　　　　　　　　　　11 300

（四）应付账款的概念

应付账款是指企业在经营过程中因购买商品、材料、物资或接受劳务而发生的待清偿的债务。

"应付账款"科目是用来总括反映企业应付账款的发生、偿还和结欠情况的科目。该科目的贷方登记发生的应付账款，借方登记偿还的应付账款、以商业汇票抵付的应付账款以及冲销无法支付的应付账款，贷方余额表示尚未偿还的应付账款。

对于"应付账款"科目，企业一般应按照债权单位进行明细核算。

（五）应付账款的账务处理

应付账款的账务处理见表 2-3。

表 2-3　应付账款的账务处理

应付账款的业务	相关的会计核算
企业购入材料、物资等，已验收入库，但货款尚未支付	根据有关结算凭证，借记"原材料"和"应交税费"科目，贷记"应付账款"科目
对于材料等已验收入库、结算凭证未到、货款尚未支付的业务，因结算凭证一般在短时间内即可到达	为了简化核算，可以暂不进行会计处理，待收到结算凭证后，再按正常手续进行账务处理。但是，每月月末，那些结算凭证尚未到达的入库材料，应按材料的暂估价格（合同价格或计划单位成本）计价入库，借记"原材料"等科目，贷记"应付账款"科目。企业应在下月月初时用红字冲回该分录，以便下月结算凭证到达时，按正常程序进行核算
接受供应单位提供劳务而发生的应付未付款项	企业应根据供应单位的发票账单，借记有关的成本费用科目和"应交税费"科目，贷记"应付账款"科目

应付账款的业务	相关的会计核算
偿付应付账款	借记"应付账款"科目，贷记"银行存款"科目等
企业开出、承兑商业汇票抵付应付账款	借记"应付账款"科目，贷记"应付票据"科目

预付账款业务不多的企业，在不单独设置"预付账款"科目的情况下，可以通过"应付账款"科目核算预付账款，即用"应付账款"科目同时核算企业应付账款和预付账款的增减变动和结果。在这种情况下，期末应根据"应付账款"科目所属各明细科目的余额的方向来分析判断其是预付账款还是应付账款，也就是该明细科目为借方余额，为预付账款；若该明细科目为贷方余额，则为应付账款。

【例2-4】发生、收回应付账款时的会计核算1

北方建筑工程公司于2×19年5月30日从某厂购进原材料一批，增值税发票记载的货款金额为10 000元，增值税税率为13%，增值税进项税额为1 300元，已验收入库，款项尚未支付。7月10日，北方建筑工程公司开出转账支票一张，支付此笔购料款。请编制以上业务的会计分录。

（1）购买材料时：

借：原材料   10 000

    应交税费——应交增值税（进项税额）   1 300

    贷：应付账款   11 300

（2）支付购料款时：

借：应付账款   11 300

    贷：银行存款   11 300

【例2-5】发生、收回应付账款时的会计核算2

环雅公司于2×19年6月28日收到供货单位运来的新型材料10吨，发票和商品结算清单尚未到达，原材料已验收入库。6月30日时，发票账单仍未到，按每吨3 000元的暂估价入账。请编制以上业务的会计分录。

借：原材料   30 000

    贷：应付账款   30 000

以上分录 7 月 1 日以红字冲回，会计分录如下：

借：原材料　　　　　　　　　　　　　　　　　　　　　30 000

　　贷：应付账款　　　　　　　　　　　　　　　　　　　30 000

2.1.2　应收票据和应付票据的核算

（一）应收票据的概念

应收票据是指企业因销售商品、提供劳务等而收到的商业汇票。商业汇票的相关内容见表 2-4。

表 2-4　商业汇票的相关内容

<table>
<tr><td rowspan="13">商业汇票</td><td>含义</td><td colspan="2">出票人签发的，委托付款人在见票时或者在指定日期，无条件支付确定的金额给收款人或者持票人的票据</td></tr>
<tr><td rowspan="3">汇票关系中的三个基本当事人</td><td colspan="2">出票人：签发商业汇票，委托付款人进行付款行为的人</td></tr>
<tr><td colspan="2">付款人：商业汇票上载明的、受托承担付款义务的人，在付款人进行承兑后，成为承兑人</td></tr>
<tr><td colspan="2">收款人：汇票上载明的、有权持有汇票并接受付款的人，而从收款人处依法受让汇票并取得付款的人则为持票人。通常，汇票上所载的收款人也就是第一持票人</td></tr>
<tr><td rowspan="4">付款期限</td><td rowspan="4">最长不得超过6个月</td><td>定日付款的汇票：自出票日起计算，并在汇票上记载的具体到期日</td></tr>
<tr><td>出票后定期付款的汇票：自出票日起按月计算，并在汇票上记载</td></tr>
<tr><td>见票后定期付款的汇票：自承兑或拒绝承兑日起按月计算，并在汇票上记载</td></tr>
<tr><td>商业汇票的提示付款期限，自汇票到期日起 10 日内。符合条件的商业汇票的持票人，可以持未到期的商业汇票连同贴现凭证向银行申请贴现</td></tr>
<tr><td rowspan="2">分类</td><td>商业承兑汇票</td><td>由收款人签发，经付款人承兑，或由付款人签发并承兑的票据</td></tr>
<tr><td>银行承兑汇票</td><td>由收款人或承兑申请人签发，并由承兑申请人向开户银行申请，经银行审查同意承兑的票据</td></tr>
</table>

商业承兑汇票的付款人在收到开户银行的付款通知后，应在当日通知银行付款。付款人在接到通知日的次日起三日内（遇法定休假日顺延）未通知

银行付款的，视同付款人承诺付款，银行将于付款人接到通知日的次日起第四日（遇法定休假日顺延）上午开始营业时，将票款划给持票人。付款人提前收到由其承兑的商业汇票，应通知银行于汇票到期日付款。银行在办理划款时，付款人存款账户不足支付的，银行应填制付款人未付票款通知书，连同商业承兑汇票邮寄持票人开户银行转交持票人。

银行承兑汇票是指由收款人或承兑申请人签发，并由承兑申请人向开户银行申请，经银行审查同意承兑的票据。企业申请使用银行承兑汇票时，应向其承兑银行按票面金额的万分之五缴纳手续费。银行承兑汇票的出票人应于汇票到期前将票款足额交存其开户银行，承兑银行应在汇票到期日或到期日后的见票当日支付票款。银行承兑汇票的出票人于汇票到期前未能足额交存票款时，承兑银行除凭票向持票人无条件付款外，对出票人尚未支付的汇票金额按照每日万分之五计收利息。

（二）应收票据的核算

"应收票据"科目的相关内容见表 2-5。

表 2-5　"应收票据"科目的相关内容

科目	设置目的	借贷方含义	备注
应收票据	反映和核算应收票据取得、票款收回等经济业务	借方登记取得的应收票据的金额，贷方登记到期收回票款或到期前向银行贴现的应收票据的票面余额；期末余额在借方，反映企业持有的商业汇票的票面金额	本科目可按照开出、承兑商业汇票的单位进行明细核算，并设置"应收票据备查簿"，逐笔登记商业汇票的种类、号数和出票日、退票情况等资料。商业汇票到期结清票款或退票后，在备查簿中应予注销

1. 取得应收票据时的会计核算

应收票据取得的原因不同，相应的会计处理也是有所区别的。企业因销售商品、提供劳务等而收到开出、承兑商业汇票时，按商业汇票的票面金额，借记本科目，按确认的营业收入，贷记"主营业务收入"等科目。涉及增值税销项税额的，还应进行相应的处理。

【例2-6】取得应收票据时的会计核算

北方建筑工程公司于2×19年5月1日向A公司销售了一批建材，货款金额为100 000元，增值税税率为13%，增值税销项税额13 000元。货物交付后，A公司送来一张期限为3个月的商业承兑汇票，面值为113 000元，抵付原材料货款。北方建筑工程公司应进行如下会计处理：

借：应收票据　　　　　　　　　　　　　　　　113 000

　　贷：主营业务收入　　　　　　　　　　　　　　　100 000

　　　　应交税费——应交增值税（销项税额）　　　　　13 000

2. 转让应收票据的核算

在会计实务中，企业可以将自己持有的商业汇票背书转让。背书是指在票据背面或者粘单上记载有关事项并签章的票据行为。背书转让的，背书人应当承担票据责任。企业将其持有的商业汇票背书转让时，按应计入取得物资成本的金额，借记"材料采购"或"原材料""库存商品"等科目；按专用发票上注明的可抵扣的增值税额，借记"应交税费——应交增值税（进项税额）"科目；按商业汇票的票面金额，贷记"应收票据"科目；如有差额，借记或贷记"银行存款"等科目。

【例2-7】转让应收票据时的会计核算

北方建筑工程公司于2×19年5月10日购买了一批营运车辆用轮胎，由于资金短缺，将其5月1日收到的一张期限为3个月、面额为113 000元的商业汇票背书转让，购入的物资货款金额为100 000元，适用的增值税税率为13％。该公司的会计处理如下：

借：原材料——轮胎　　　　　　　　　　　　　100 000

　　应交税费——应交增值税（进项税额）　　　　13 000

　　贷：应收票据　　　　　　　　　　　　　　　　113 000

3. 应收票据贴现的会计核算

应收票据贴现的含义及其必备条件见表2-6。

表 2-6　应收票据贴现的含义及其必备条件

应收票据贴现的含义	应收汇票的持票人向银行办理贴现必备条件
企业以未到期票据向银行融通资金，银行按票据的应收金额扣除一定期间的利息后的余额付给企业的融资行为	在银行开立存款账户的企业法人以及其他组织
	与出票人或者直接前手之间具有真实的商品交易关系
	提供与其前手之间的增值税发票和商品发运单据复印件

（1）应收票据贴现额的计算

贴现息 = 票据到期值 × 贴现率 × 贴现期

贴现额 = 票据到期值 - 贴现息

公式中，贴现利率由银行统一制定。贴现期按银行规定计算，通常是指从贴现日至票据到期日前 1 日的时间。

票据有带息与不带息之分，其到期值的计算及账务处理也有所不同。不带息票据到期值即票据面值，带息票据到期值等于票据面值与票据利息之和，其中票据到期利息按下列公式计算：

票据到期利息 = 应收票据面值 × 票面利率 × 时间

以上公式中，票面利率有年、月、日利率之分。如需换算成月利率或日利率，每月统一按 30 天计算，全年按 360 天计算。三者之间的关系是：

月利率 = 年利率 ÷ 12

日利率 = 月利率 ÷ 30 或年利率 ÷ 360

时间是指从票据生效之日起到票据到期之日止的时间间隔。

（2）应收票据贴现的账务处理

企业持未到期的商业汇票向银行贴现时，应按实际收到的金额（即减去贴现息后的净额），借记"银行存款"等科目；按贴现息部分，借记"财务费用"等科目；按商业汇票的票面金额，贷记"应收票据"科目或"短期借款"科目。

【例 2-8】应收票据贴现时的会计核算

2×17 年 9 月 20 日，北方建筑工程公司持所收取的一张出票日期为 7 月 22 日、期限为 6 个月、面值为 110 000 元的不带息商业承兑汇票到银行贴现。假设银行同意对该票据进行贴现，银行年贴现率为 12%。请为北方建筑公司编制会计分录。

（1）该应收票据的到期日为 2×18 年 1 月 22 日，其贴现日是 2×17 年 9 月 20 日至 2×18 年 1 月 22 日，其贴现天数为 124 天。

贴现天数 =11+31+30+31+22－1=124（天）

贴现息 =110 000×12%×124÷360=4 546.67（元）

贴现净额 =110 000－4 546.67=105 453.33（元）

有关会计分录如下：

借：银行存款　　　　　　　　　　　　　　105 453.33

　　财务费用　　　　　　　　　　　　　　　　4 546.67

　　贷：应收票据　　　　　　　　　　　　　110 000.00

（2）如果贴现的商业汇票到期后，承兑人的银行账户余额不足支付，银行即将已贴现的票据退回申请贴现的企业（北方建筑工程公司），同时从贴现企业的账户中将票据款划回。这时，北方建筑工程公司的账务处理如下：

借：应收账款　　　　　　　　　　　　　　110 000

　　贷：银行存款　　　　　　　　　　　　　110 000

（3）如果北方建筑工程公司的银行存款账户余额不足，银行将应收的款项作为申请贴现企业的逾期贷款处理。这时，北方建筑工程公司的账务处理：

借：应收账款　　　　　　　　　　　　　　110 000

　　贷：短期借款　　　　　　　　　　　　　110 000

4. 收回到期应收票据时的会计核算

商业汇票到期之后，企业应及时要求对方付款，并按实际收到的金额，借记“银行存款”科目；按商业汇票的票面金额，贷记“应收票据”科目。

【例 2-9】收回到期应收票据时的会计核算

2×17 年 4 月 1 日，北方建筑工程公司持有的一张期限为 3 个月、票面金额为 117 000 元的商业汇票已到期。该公司将上述应收票据收回，将 117 000 元存入银行。北方建筑工程公司应进行如下会计处理：

借：银行存款　　　　　　　　　　　　　　117 000

　　贷：应收票据　　　　　　　　　　　　　117 000

（三）应付票据的概念

应付票据是指企业根据合同进行延期付款交易采用商业汇票结算时，所签发、承兑的商业汇票。"应付票据"科目总括地反映和核算企业应付票据的发生、偿付等情况。该科目的贷方登记已承兑的商业汇票的面额，借方登记已到期付款的商业汇票的金额、转作应付账款或作借款处理的商业汇票的金额。

（四）应付票据的账务处理

应付票据相关的账务处理见表 2-7。

表 2-7　应付票据相关的账务处理

应付票据的业务	相关的账务处理
开出、承兑商业汇票或以承兑汇票抵付货款	借记"原材料""应付账款""应交税费"等科目，贷记"应付票据"科目
开出银行承兑汇票，在支付银行承兑手续费	借记"财务费用"科目，贷记"银行存款"科目
汇票到期付款	借记"应付票据"科目，贷记"银行存款"科目 如为带息票据，则应借记"应付票据""财务费用"等科目，贷记"银行存款"科目
票据到期无力偿付	若为商业承兑汇票，则将应付票据转为应付账款，借记"应付票据"科目，贷记"应付账款"科目
	若为银行承兑汇票，则银行先代为付款，企业将不足部分转为短期借款，借记"应付票据"科目，贷记"银行存款""短期借款"科目
归还银行短期借款	借记"短期借款"科目，贷记"银行存款"科目

为了加强对应付票据的管理，企业应当设置"应付票据备查簿"，详细登记每一应付票据的种类、号数、签发日期、到期日、票面金额、票面利率、合同交易号、收款人姓名或单位名称，以及付款日期和金额等资料。应付票据到期结清时，企业应当在备查簿内逐笔注销。

【例 2-10】出具、收回应收票据时的会计核算

北方建筑工程公司出具一张期限为 90 天、票面金额为 33 900 元的不带息商业承兑汇票，从某供应单位购进原材料一批，其增值税发票上记载的货款金额为 30 000 元，

增值税税率为 13%，增值税额为 3 900 元。请为以上的业务编制会计分录。

（1）购进原材料时：

借：原材料	30 000
应交税费——应交增值税（进项税额）	3 900
贷：应付票据	33 900

（2）票据到期，接到银行支付汇票款项的通知时：

借：应付票据	33 900
贷：银行存款	33 900

2.1.3　坏账准备

说到应收账款，不得不提到它的一个重要的备抵账户，即坏账准备。企业应当在资产负债表日对应收款项的账面价值进行检查，有客观证据表明该应收款项发生减值的，应当将该应收款项的账面价值减计至预计未来现金流量现值，减计的金额确认减值损失，计提坏账准备。

企业进行坏账核算时，首先应按期估计坏账损失。估计坏账损失的方法有应收账款余额百分比法、账龄分析法和销货百分比法等。

（一）应收账款余额百分比法

应收账款余额百分比法，是根据会计期末应收款项的余额和估计的坏账率，估计坏账损失，计提坏账准备的方法。按此计算的金额为下年度应保留的坏账准备金额，因此，实际提取数并不一定等于计算出的应提数，提取时需考虑提取前该账户的余额，但年末提取后该账户余额一定在贷方，即计算出的应保留坏账准备金额。坏账准备借贷方余额的意义见表 2-8。

表 2-8　坏账准备余额的意义

余额所在	意义
借方余额	原先提取的坏账准备金没能足额冲销已发生的坏账，需在提取时补提，实际提取数等于应提取数加上借方余额数
贷方余额	原贷方余额大于应提数，表示原坏账准备金过多，应冲销多余数
	原贷方余额小于应提数，则应补提不足部分

【例2-11】采用应收账款余额百分比法计提坏账准备时的会计核算

北方建筑工程公司从2×15年开始计提坏账准备。2×15年年末，"应收账款"科目的余额为1 200 000元。该公司坏账准备的提取比例为5‰。

坏账准备提取额=1 200 000×5‰=6 000（元）

借：资产减值损失　　　　　　　　　　　　　　　6 000
　　贷：坏账准备　　　　　　　　　　　　　　　　　　6 000

2×16年11月，该公司发现有1 600元的应收账款无法收回，按有关规定确认为坏账损失。

借：坏账准备　　　　　　　　　　　　　　　　　1 600
　　贷：应收账款　　　　　　　　　　　　　　　　　　1 600

2×16年12月31日，该公司应收账款的余额为1 440 000元。按本年年末应收账款余额应保持的坏账准备金额（即坏账准备的余额）为：

1 440 000×5‰=7 200（元）

年末计提坏账准备前，"坏账准备"科目的贷方余额为：

6 000-1 600=4 400（元）

本年度应补提的坏账准备为：

7 200-4 400=2 800（元）

有关账务处理如下：

借：资产减值损失　　　　　　　　　　　　　　　2 800
　　贷：坏账准备　　　　　　　　　　　　　　　　　　2 800

2×17年5月20日，接银行通知，企业上年度已冲销的1 600元坏账又收回，款项已存入银行。有关账务处理如下：

借：应收账款　　　　　　　　　　　　　　　　　1 600
　　贷：坏账准备　　　　　　　　　　　　　　　　　　1 600
借：银行存款　　　　　　　　　　　　　　　　　1 600
　　贷：应收账款　　　　　　　　　　　　　　　　　　1 600

2×17年12月31日，该公司应收账款的余额为1 000 000元。

本年年末坏账准备的余额应为：

1 000 000×5‰=5 000（元）

至年末，计提坏账准备前的"坏账准备"科目的贷方余额为：

7 200+1 600=8 800（元）

本年度应冲销多提的坏账准备金额为：

8 800-5 000=3 800（元）

有关账务处理如下：

借：坏账准备   3 800

  贷：资产减值损失   3 800

（二）账龄分析法

账龄分析法，是根据应收账款账龄的长短来估计坏账的方法。账龄指的是客户所欠账款的时长。采用这种方法，企业利用账龄分析表所提供的信息，确定坏账准备金额。确定的方法按各类账龄分别估计其可能成为坏账的部分。

【例 2-12】采用账龄分析法计提坏账准备时的会计核算

北方建筑工程公司 2×17 年 12 月 31 日应收账款账龄及估计坏账损失见表 2-9。该公司于 2×17 年 12 月 31 日估计的坏账损失为 2 400 元，所以，"坏账准备"科目的账面余额应为 2 400 元。

假设在估计坏账损失前，"坏账准备"科目的贷方余额为 1 000 元，则该公司还应计提 1 400（2 400-1 000）元。有关账务处理如下：

借：资产减值损失   1 400

  贷：坏账准备   1 400

再假设在估计坏账损失前，"坏账准备"科目有贷方余额 2 600 元，则该公司应冲减 200（2 600-2 400）元。有关账务处理如下：

借：坏账准备   200

  贷：资产减值损失   200

表 2-9 应收账款账龄及估计坏账损失   单位：元

应收账款账龄	应收账款金额	估计损失（%）	估计损失金额
未到期	60 000	0.5	300
过期 1 个月	40 000	1	400
过期 2 个月	30 000	2	600
过期 3 个月	20 000	3	600
过期 3 个月以上	10 000	5	500
合计	160 000		2 400

（三）销货百分比法

销货百分比法，是以赊销金额的一定百分比作为估计坏账的方法。企业可以根据过去的经验和有关资料，估计坏账损失与赊销金额之间的比例，也可以采用其他更合理的方法进行估计。

应收账款减值时，企业应该提取坏账准备。"坏账准备"设置的目的和借贷方意义见表2-10。

表2-10 **"坏账准备"设置的目的和借贷方意义**

设置目的	核算应收账款的坏账准备计提、转销等情况
借贷方意义	贷方登记当期计提的坏账准备金额，借方登记实际发生的坏账损失金额和冲减的坏账准备金额，期末余额一般在贷方，反映企业已计提但尚未转销的坏账准备

坏账准备可按以下公式计算：

当期应计提的坏账准备＝当期按应收账款计算应提坏账准备金额（或＋）贷方（或借方）余额－"坏账准备"科目的坏账准备应提坏账准备金额（或＋）贷方（或借方）余额

在销货百分比法下，坏账准备的相关会计处理见表2-11。

表2-11 **坏账准备的相关会计处理**

情形	会计处理
计提坏账准备	借记"资产减值损失——计提的坏账准备"，贷记"坏账准备"科目
冲减多计提的坏账准备	借记"坏账准备"，贷记"资产减值损失——计提的坏账准备"科目
发生坏账损失	借记"坏账准备"科目，贷记"应收账款""其他应收款"等科目
已确认并转销的应收款项以后又收回	借记"应收账款""其他应收款"等科目，贷记"坏账准备"科目；同时，借记"银行存款"科目，贷记"应收账款""其他应收款"等科目

【例2-13】采用销货百分比法计提坏账准备时的会计核算

2×15年12月31日，北方建筑工程公司对应收A公司的1 000 000元账款进行减值测试。北方建筑工程公司根据A公司的资信情况确定按10%计提坏账准备。2×15年年末，北方建筑工程公司计提坏账准备时的会计分录为：

借：资产减值损失——计提的坏账准备　　　　　　　　　　100 000

　　贷：坏账准备　　　　　　　　　　　　　　　　　　　　100 000

（1）北方建筑工程公司 2×16 年应收 A 公司的账款实际发生坏账损失 30 000 元。确认坏账损失时，该公司的会计处理如下：

借：坏账准备　　　　　　　　　　　　　　　　　　　　30 000

　　贷：应收账款　　　　　　　　　　　　　　　　　　　　30 000

（2）北方建筑工程公司 2×16 年本应收 A 公司的账款余额为 1 200 000 元。经减值测试，北方建筑工程公司决定仍按 10% 计提坏账准备。

根据北方建筑工程公司坏账核算方法，其"坏账准备"科目应保持的贷方余额为 120 000（1 200 000×10%）元；计提坏账准备前，"坏账准备"科目的贷方余额为 70 000（100 000-30 000）元，因此本年年末，该公司应计提的坏账准备金额为 50 000（120 000-70 000）元。北方建筑工程公司的会计处理如下：

借：资产减值损失——计提的坏账准备　　　　　　　　　50 000

　　贷：坏账准备　　　　　　　　　　　　　　　　　　　　50 000

（3）北方建筑工程公司于 2×17 年 4 月 20 日收到 2×16 年已转销的坏账 20 000 元，已存入银行。北方建筑工程公司的会计处理如下：

借：应收账款　　　　　　　　　　　　　　　　　　　　20 000

　　贷：坏账准备　　　　　　　　　　　　　　　　　　　　20 000

借：银行存款　　　　　　　　　　　　　　　　　　　　20 000

　　贷：应收账款　　　　　　　　　　　　　　　　　　　　20 000

2.2　备用金的核算操作

2.2.1　备用金的概念

备用金是指企业预付给职工和内部有关单位用作差旅费、零星采购和日常零星开支且事后需要报销的款项。为了防止浪费和挪用公款，企业必须建立备用金的预借、使用和报销制度，并严格加以执行。如果企业备用金业务很少，可不设立"备用金"科目，通过"其他应收款——备用金"科目进行核算。不同形式的备用金见表2-12。

表2-12　备用金的形式

备用金的形式	含义及特点	相关内容
定额备用金	为了满足企业有关部门日常零星开支需要的备用金，一经核定不得随意增减 特点：一次领用、定期报销、简化核算、补足定额	领用部门应填写"备用金登记簿"，逐笔序时登记提取和支出情况，并按时将款项支出的单据送交财会部门报销后，财会部门再给予补足定额
非定额备用金	用款单位根据实际需要向财会部门借款，凭各种支付凭证向财会部门报销时，作为冲减备用金处理，如需再用，重新办理借款手续	适用于预借差旅费等备用金的管理

2.2.2　备用金的账务处理

备用金的账务处理方法见表2-13。

表2-13　备用金的账务处理方法

类型	会计分录
单独设置"备用金"科目的企业，由企业财务部门单独拨给企业内部各单位周转使用的备用金	借：备用金 　　贷：库存现金或银行存款
自备用金中支付零星支出	借：管理费用等 　　贷：本科目或"银行存款"

需要注意的是，除了增加或减少拨入的备用金外，使用或报销的备用金不再通过"备用金"科目核算。

【例2-14】领取、报销备用金时的会计核算

北方建筑工程公司的职工张强出差采购物品，预支备用金600元，出差返回报销差旅费580元，并交回多余的现金20元。

（1）领出备用金时，根据付款凭证，北方建筑工程公司的会计分录如下：

借：其他应收款——备用金（张强）　　　　　　　　　　　600

　　贷：库存现金　　　　　　　　　　　　　　　　　　　　　600

（2）报销差旅费时，根据差旅费报销单，北方建筑工程公司的会计分录如下：

借：管理费用　　　　　　　　　　　　　　　　　　　　580

　　库存现金　　　　　　　　　　　　　　　　　　　　20

　　贷：其他应收款——备用金　　　　　　　　　　　　　600

第3章
分门别类——材料物资的会计核算

3.1　材料物资的概念及计价

3.1.1　材料物资的概念及分类

材料是构建所有建筑产品的物资基础，是工程成本的最重要组成部分，在建造过程中通过直接或间接的消耗构成材料成本。施工企业的材料种类繁多，按其在施工中的作用和存放地点的不同，可分为以下几类。

（一）原材料

原材料指企业用于建筑安装工程施工而存放在仓库的各种材料，包括主要材料、结构件、机械配件和其他材料等。

（1）主要材料是指用于工程施工并构成工程实体的各种材料，如黑色金属材料（如钢材）、有色金属材料（如铜材、铝材）、木材、硅酸盐材料（如水泥、砖瓦、石灰、砂、石等）、小五金材料、电器材料、化工原料（如油漆材料等）。

（2）结构件是指经过吊装、拼砌或安装即能构成房屋建筑物实体的各种金属的、钢筋混凝土的和木质的构件，如钢窗、木门、钢筋混凝土预制件等。

（3）机械配件是指在施工生产过程中使用的施工机械、生产设备、运输设备等替换、维修用的各种零件和配件，以及为机械设备准备的各种备品备件，如曲轴、活塞、轴承、齿轮、阀门等。

（4）其他材料是指不构成工程实体，但有助于工程形成或便于施工生产进行的各种材料，如燃料、油料、催化剂、石料等。

（二）周转材料

周转材料指企业在施工生产过程中能够多次使用，并基本保持原有的物质形态，但价值逐渐转移的各种材料，如模板、挡板、架料等。其中，低值易耗品是指使用期限较短、单位价值较低，不作为固定资产核算的各种用具物品，如铁锹、铁镐、手推车等生产工具；工作鞋、工作帽、安全带等劳保用品；办公桌椅等管理用品。

（三）委托加工材料

委托加工材料指委托加工中的各种材料和构件。

3.1.2 材料物资的计价

（一）取得时的计价

存货应当按照成本进行初始计量。存货成本包括采购成本、加工成本和其他成本。

1. 外购的存货

企业通过购买而获得的各种存货，包括原材料、库存商品、低值易耗品等，以这种方式取得的存货的初始成本主要由采购成本构成。外购存货的采购成本包含的内容见表 3-1。

表 3-1 外购存货的采购成本包含的内容

外购存货的采购成本	包含的内容
购买价款	企业购入材料或商品的发票账单上列明的价款，但不包括按规定可以抵扣的增值税税额
相关税费	企业购买、自制或委托加工存货所发生的消费税、资源税和不能从增值税销项税额中抵扣的进项税额等

续表

外购存货的采购成本	包含的内容
其他可归属于存货采购成本的费用	如在存货采购过程中发生的仓储费、包装费、运输途中的合理损耗、入库前的挑选整理费用等。这些费用中，能分清负担对象的，应直接计入存货的采购成本；不能分清负担对象的，应选择合理的分配方法，分配计入有关存货的采购成本。分配方法通常包括按所购存货的重量或采购价格的比例进行分配

需要注意的是，其他可归属于存货采购成本的费用等，应当计入存货的采购成本，也可以先进行归集，期末再根据所购商品的存销情况进行分摊。已售商品的进货费用计入当期损益；未售商品的进货费用计入期末存货成本。企业采购商品的进货费用金额较小的，可以在发生时直接计入当期损益。

如果在采购过程中遇到物资毁损或短缺，则企业的会计处理见表3-2。

表3-2　采购过程中发生物资毁损、短缺时的会计处理

采购过程中发生的物资毁损、短缺情况	会计处理
合理的损耗	作为存货的"其他可归属于存货采购成本的费用"计入采购成本
其他情况	（1）应从供应单位、外部运输单位等收回的物资短缺或其他赔款，冲减物资的采购成本；（2）因遭受意外灾害发生的损失和尚待查明原因的途中损耗，不得增加物资的采购成本，应暂作为待处理财产损溢进行核算，在查明原因后再进行处理

2. 通过进一步加工而取得的存货

通过进一步加工而取得的存货的成本由采购成本、加工成本以及为使存货达到目前场所和状态所发生的其他成本构成。进一步加工取得的存货的成本确认方法见表3-3。

表3-3　进一步加工取得的存货的成本确认方法

进一步加工取得的存货	初始成本的确认方法
委托外单位加工的存货	实际耗用的原材料或者半成品、加工费、运输费、装卸费等费用以及按规定应计入成本的税金

续表

进一步加工取得的存货	初始成本的确认方法
自行生产的存货	投入的原材料或半成品、直接人工和按照一定方法分配的制造费用。制造费用，是指企业为生产产品和提供劳务而发生的各项间接费用，包括企业生产部门（如生产车间）管理人员的薪酬、折旧费、修理费、办公费、水电费、机物料消耗、劳动保护费、季节性和修理期间的停工损失等

3. 通过其他方式取得的存货

（1）投资者投入存货的成本，应当按照投资合同或协议约定的价值确定，但合同或协议约定价值存在内部交易的因素，不符合公允要求的除外。

（2）通过非货币性资产交换、债务重组和企业合并等取得的存货的成本，应当分别按照"非货币性资产交换""债务重组"及有关企业会计准则的规定确定。

4. 通过提供劳务取得的存货

通过提供劳务取得的存货，其成本按从事劳务提供人员的直接人工和其他直接费用以及可归属于该存货的间接费用确定。

（二）发出存货的计价

日常工作中，企业发出的存货，可以按实际成本核算，也可以按计划成本核算。如果采用计划成本法核算，则企业应在会计期末将相关金额调整为实际成本。

企业应当根据各类存货的实物流转方式、企业管理的要求、存货的性质等实际情况，合理地确定发出存货成本的计算方法，以及当期发出存货的实际成本。对于性质和用途相同的存货，企业应当采用相同的成本计算方法确定发出存货的成本。发出存货的计价方法见表 3-4。

表 3-4   发出存货的计价方法

发出存货成本的计价方法	含义	适用范围、优缺点及公式
个别计价法	又称个别认定法、具体辨认法、分批实际法。这一方法是假设存货的成本流转与实物流转相一致，按照各种存货，逐一辨认各批发出存货和期末存货所属的购进批别或生产批别，分别按其购入或生产时所确定的单位成本作为计算各批发出存货和期末存货成本的方法	适用于一般不能替代使用的存货以及为特定项目专门购入或制造的存货，如珠宝、名画等贵重物品；其优点是成本比较合理、准确；缺点是实务操作的工作量繁重，困难较大
先进先出法	以先购入的存货先发出这样一种存货实物流转假设为前提，对发出存货进行计价	适用于期末存货成本比较接近现行的市场价值的存货，其优点是企业不能随意挑选存货计价以调整当期利润，缺点是工作量比较大；当物价上涨时，会高估企业当期利润和存货价值；反之，会低估企业存货价值和当期利润
月末一次加权平均法	进货时，按存货的实际成本进行分类核算，发出存货时，只记录发货数量，月末时以这本月所有进货和本期期初存货的加权平均成本，乘以发货数量作为存货的发出成本	公式1：本期存货的加权平均单位成本＝（期初结存金额＋本期各批进货的实际金额）÷（期初结存数量＋本期各批收货数量） 公式2：本期发出存货的成本＝本期发出存货的数量×加权平均单位成本 公式3：期末存货的成本＝期末结存存货的数量×加权平均单位成本
移动加权平均法	在每次收货以后，立即根据库存存货数量和总成本，计算出新的平均单位成本，发出时都以最近一次进货时计算的平均成本作为发出存货的平均成本	公式1：本次进货后的移动平均单位成本＝（本次进货前库存存货的实际成本＋本次进货的实际成本）÷（本次进货前库存存货的实际数量＋本次进货的实际数量） 公式2：发出存货的成本＝本次发出存货的数量×移动平均单位成本 公式3：本次发货后库存存货的成本＝期末结存存货的数量×移动平均单位成本

　　需要注意的是，在《企业会计准则》中，后进先出法不再作为一种发出

存货的计价方法。

（三）存货的期末计价

资产负债表日，存货应当按照成本与可变现净值孰低计量。存货成本高于其可变现净值的，应当计提存货跌价准备，计入当期损益。存货的相关概念及具体含义见表 3-5。

表 3-5　存货的相关概念及具体含义

相关概念	具体含义
可变现净值	日常活动中，存货的估计售价减去至完工时估计将要发生的成本、估计的销售费用以及相关税费后的金额
存货成本	期末存货的实际成本

需要注意的是，企业预计的销售存货现金流量，并不完全等于存货的可变现净值。企业应以确凿证据为基础计算确定存货的可变现净值。

3.2　库存材料的会计核算

3.2.1　采用实际成本法进行库存材料的核算

按照实际成本法对库存材料进行会计核算时，库存材料的收发及结存，无论总分类核算还是明细分类核算，均按照实际成本计价。使用的会计科目有"原材料""在途物资"等。"原材料"科目的借方、贷方及余额均以实际成本计价，不存在成本差异的计算与结转问题。但实际成本法反映不出日常材料成本是节约还是超支，从而不能反映和考核物资采购业务的经营成果。因此这种方法通常适用于材料收发业务较少的企业。在实务工作中，材料收发业务较多并且计划成本资料较为健全、准确的企业，一般可以采用计划成本进行材料收发的核算。

（一）采用实际成本法进行库存材料核算时的常用科目

实际成本法下，企业对库存材料进行核算时常用的科目见表3-6。

表3-6　核算库存材料时的常用科目

科目名称	科目意义及内容
在途物资	本科目用于核算企业采用实际成本（进价）进行材料、商品等物资的日常核算、货款已付尚未验收入库的各种物资（即在途物资）的采购成本。本科目应按供应单位和物资品种进行明细核算。本科目的借方登记企业购入的在途物资的实际成本，贷方登记验收入库的在途物资的实际成本；期末余额在借方，反映企业在途物资的采购成本
原材料	本科目用于核算库存各种材料的收发与结存情况。在库存材料按实际成本核算时，本科目的借方登记入库材料的实际成本，贷方登记发出材料的实际成本；期末余额在借方，反映企业库存材料的实际成本
应付账款	本科目用于核算企业因购买材料、商品和接受劳务等经营活动应支付的款项。本科目的贷方登记企业因购入材料、商品和接受劳务等尚未支付的款项，借方登记偿还的应付账款；期末余额一般在贷方，反映企业尚未支付的应付账款
预付账款	本科目用于核算企业按照合同规定预付的款项。本科目的借方登记预付的款项及补付的款项，贷方登记收到所购物资时根据有关发票账单计入"原材料"等科目的金额及收回多付款项的金额；期末余额在借方，反映企业实际预付的款项；期末余额在贷方，则反映企业尚未预付的款项。预付款项情况不多的企业，可以不设置"预付账款"科目，而将此业务在"应付账款"科目中核算

（二）实际成本法下的账务处理

企业存货日常核算可以按实际成本核算，也可以按计划成本核算。存货按实际成本核算的特点是：从存货收发凭证到明细分类账和总分类账全部按实际成本计价。实际成本法一般适用于规模较小、存货品种简单、采购业务不多的企业。

1.购入库存材料时的会计核算

企业外购材料时，由于结算方式和采购地点的不同，材料入库和货款的支付在时间上不一定完全同步，相应地，其账务处理也有所不同，购入库存材料的会计处理见表3-7。

表 3-7　购入库存材料时的会计处理

情况	会计处理
发票账单与材料同时到达的采购业务，企业材料已验收入库	应通过"原材料"科目核算，对于增值税专用发票上注明的可抵扣的进项税额，应借记"应交税费——应交增值税（进项税额）"科目
已经付款或已开出、承兑商业汇票，但材料尚未到达或尚未验收入库的采购业务	应根据发票账单等结算凭证，借记"在途物资""应交税费——应交增值税（进项税额）"科目，贷记"银行存款"或"应付票据"等科目；待材料到达、验收入库后，再根据收料单，借记"原材料"科目，贷记"在途物资"科目
材料已到达并已验收入库，但发票账单等结算凭证未到，货款尚未支付	应于本月末，按材料的暂估价值，借记"原材料"科目，贷记"应付账款——暂估应付账款"科目。下月初用红字作同样的记账凭证予以冲回，以便下月付款或开出、承兑商业汇票后，按正常程序，借记"原材料""应交税费——应交增值税（进项税额）"科目，贷记"银行存款"或"应付票据"等科目
采用预付货款的方式采购材料	应在预付材料价款时，按照实际预付金额，借记"预付账款"科目，贷记"银行存款"科目；已经预付货款的材料验收入库，根据发票账单等所列的价款、税额等，借记"原材料"科目和"应交税费——应交增值税（进项税额）"科目，贷记"预付账款"科目；预付款项不足，补付货款，按补付金额，借记"预付账款"科目，贷记"银行存款"科目；退回多付的款项，借记"银行存款"科目，贷记"预付账款"科目

【例 3-1】实际成本法下，购入原材料时的会计核算

鲁班制造有限公司 2×19 年购入 C 材料一批，增值税专用发票上记载的货款为 500 000 元，增值税税率为 13%，增值税额 65 000 元，另外为对方代垫包装费 1 000 元，全部款项已用电汇方式付讫，材料已验收入库。对此业务，该公司应进行如下账务处理：

借：原材料——C 材料		500 000
应交税费——应交增值税（进项税额）		65 000
其他应收款		1 000
贷：银行存款		566 000

【例 3-2】实际成本法下，购入原材料时的会计核算（先票后货）1

鲁班制造有限公司于 2×19 年 9 月 20 日收到银行转来的委托收款凭证及 200 吨煤

炭的提货单，采购成本共计 60 000 元，增值税税率为 13%，相应的增值税进项税额为 7 800 元，加税合计 67 800 元已由银行存款支付，但材料尚未到达。对此业务，该公司应进行如下账务处理：

借：在途物资   60 000

  应交税费——应缴增值税（进项税额）   7 800

   贷：银行存款   67 800

2×19 年 9 月 24 日，材料到达并验收入库时，该公司的会计分录为：

借：原材料   60 000

   贷：在途物资   60 000

【例 3-3】实际成本法下，购入原材料时的会计核算（先票后货）2

鲁班制造有限公司 2×19 年采用汇兑结算方式购入聚乙烯材料一批，发票及账单已收到，但材料尚未到达，增值税专用发票上记载的货款为 10 000 元，增值税税率为 13%，增值税进项税额为 1 300 元。支付保险费 1 000 元。对此业务，该应进行如下账务处理：

借：在途物资   11 000

  应交税费——应交增值税（进项税额）   1 300

   贷：银行存款   12 300

待上述购入的聚乙烯材料收到后，并验收入库：

借：原材料   11 000

   贷：在途物资   11 000

【例 3-4】采用实际成本法核算购入的原材料（预付款）

根据与某钢厂 2×19 年的购销合同约定，鲁班制造有限公司为购买金属材料向该钢厂预付 100 000 元货款的 80%，计 80 000 元。该笔货款已通过汇兑方式汇出。对此业务，鲁班制造有限公司应进行如下账务处理：

借：预付账款——某钢厂   80 000

   贷：银行存款   80 000

10 天之后，鲁班制造有限公司收到该钢厂发运来的金属材料，已验收入库。有关发票账单记载，该批货物的货款为 100 000 元，增值税税率为 13%，增值税额 13 000 元，对方代垫包装费 3 000 元，所欠款项以银行存款的形式付讫。

（1）材料入库时，鲁班制造有限公司的账务处理如下：

借：原材料——金属材料　　　　　　　　　　　　103 000

　　应交税费——应交增值税（进项税额）　　　　　13 000

　　　贷：预付账款——某钢厂　　　　　　　　　　　116 000

（2）补付货款时，鲁班制造有限公司的账务处理如下：

借：预付账款　　　　　　　　　　　　　　　　　36 000

　　贷：银行存款　　　　　　　　　　　　　　　　36 000

2. 领用库存材料时的会计核算

企业因生产经营领用库存材料时，按实际成本，借记"生产成本""制造费用""销售费用""管理费用"等科目，贷记"原材料"科目；企业发出委托外单位加工的库存材料时，借记"委托加工物资"科目，贷记"原材料"科目。

基建工程、福利等部门领用库存材料时，按实际成本加上不予抵扣的增值税额等，借记"在建工程""应付职工薪酬——职工福利"等科目；按实际成本，贷记"原材料"科目；按不予抵扣的增值税税额，贷记"应交税费——应交增值税（进项税额转出）"科目。

企业各生产单位及有关部门领用的材料具有种类多、业务频繁等特点。为了简化核算，企业可以在月末将"领料单"或"限额领料单"中有关领料的单位、部门等加以归类，编制"发料凭证汇总表"，据以编制记账凭证、登记入账。发出材料实际成本的确定，可以由企业从前述的个别计价法、先进先出法、月末一次加权平均法、移动加权平均法等方法中选择。计价方法一经确定，不得随意变更。如需变更，应在附注中予以说明。

【例 3-5】领用原材料时的会计核算

根据"发料凭证汇总表"，2×19 年 1 月，甲公司的基本生产车间领用一种不锈钢材料 10 000 元，辅助生产车间领用该种不锈钢材料 2 000 元，车间管理部门领用该材料 5 000 元，企业行政管理部门领用该材料 4 000 元，计 21 000 元。

借：生产成本——基本生产成本　　　　　　　　　10 000

　　　　　　——辅助生产成本　　　　　　　　　 2 000

制造费用	5 000
管理费用	4 000
贷：原材料——不锈钢材料	21 000

3. 出售库存材料时的核算

对于出售的库存材料，企业应当按已收或应收的价款，借记"银行存款"或"应收账款"等科目，按实现的营业收入，贷记"其他业务收入"等科目，按应交的增值税额，贷记"应交税费——应交增值税（销项税额）"科目；月度终了，按出售库存材料的实际成本，借记"其他业务成本"科目，贷记"原材料"科目。

3.2.2　采用计划成本法进行库存材料核算

计划成本法是指企业存货的收入、发出和结余均按预先制订的计划成本计价，同时另设"材料成本差异"（或产品成本差异，下同）科目，登记实际成本与计划成本的差额。存货按计划成本核算，要求存货的总分类核算和明细分类核算均按计划成本计价。计划成本法一般适用于存货品种繁多、收发频繁的企业，如大中型企业中的各种库存材料、低值易耗品等。如果企业的自制半成品、产成品品种繁多，或者在管理上需要分别核算其计划成本和成本差异的，也可以采用计划成本法核算。

（一）采用计划成本法进行库存材料核算的常用科目

采用计划成本法进行库存材料核算经常使用的会计科目有"原材料""材料采购""材料成本差异"等。采用计划成本法进行库存材料核算的常用科目及相关介绍见表 3-8。

表 3-8　库存材料核算的常用科目及相关介绍

科目名称	会计科目的含义及内容
原材料	本科目用于核算库存各种材料的收发与结存情况。在材料采用计划成本核算时，本科目的借方登记入库材料的计划成本，贷方登记发出材料的计划成本，期末余额在借方，反映企业库存材料的计划成本

科目名称	会计科目的含义及内容
材料采购	本科目借方登记采购材料的实际成本，贷方登记入库材料的计划成本。借方大于贷方表示超支，从本科目贷方转入"材料成本差异"科目的借方；贷方大于借方表示节约，从本科目借方转入"材料成本差异"科目的贷方；期末为借方余额，反映企业在途材料的采购成本
材料成本差异	本科目反映企业已入库各种材料的实际成本与计划成本的差异，借方登记实际成本大于计划成本的差异额（超支额）及发出材料应负担的节约差异，贷方登记实际成本小于计划成本的差异额（节约额）及发出材料应负担的超支差异。期末如为借方余额，反映企业库存材料的实际成本大于计划成本的差异（即超支差异）；如为贷方余额，反映企业库存材料实际成本小于计划成本的差异（即节约差异）

（二）计划成本法下的会计核算程序

采用计划成本法的前提是制订每一品种规格存货的计划成本，存货计划成本的组成内容应与其实际成本的构成一致，包括买价、运杂费和有关的税金等。存货的计划成本一般由企业采购部门会同财会等有关部门共同制订，制订的计划成本应尽可能接近实际。采用计划成本进行日常核算的企业，其基本的核算程序见图 3-1。

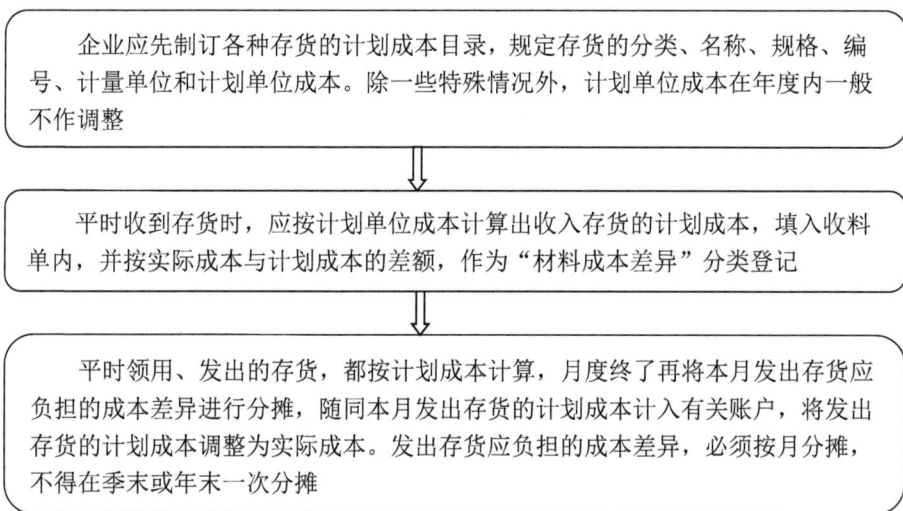

```
┌─────────────────────────────────────────────────┐
│  企业应先制订各种存货的计划成本目录，规定存货的分类、名称、规格、编  │
│  号、计量单位和计划单位成本。除一些特殊情况外，计划单位成本在年度内一般  │
│  不作调整                                          │
└─────────────────────────────────────────────────┘
                          ⇩
┌─────────────────────────────────────────────────┐
│  平时收到存货时，应按计划单位成本计算出收入存货的计划成本，填入收料  │
│  单内，并按实际成本与计划成本的差额，作为"材料成本差异"分类登记  │
└─────────────────────────────────────────────────┘
                          ⇩
┌─────────────────────────────────────────────────┐
│  平时领用、发出的存货，都按计划成本计算，月度终了再将本月发出存货应  │
│  负担的成本差异进行分摊，随同本月发出存货的计划成本计入有关账户，将发出  │
│  存货的计划成本调整为实际成本。发出存货应负担的成本差异，必须按月分摊，  │
│  不得在季末或年末一次分摊                             │
└─────────────────────────────────────────────────┘
```

图 3-1 计划成本法的基本会计核算程序

（三）计划成本法下进行的库存材料核算

1. 计划成本法下取得库存材料时的核算

在计划成本法下，取得的库存材料先要通过"材料采购"科目进行核算，其实际成本与计划成本的差异，通过"材料成本差异"科目进行核算。

【例 3-6】计划成本法下购入原材料时的会计核算

鲁班制造有限公司经税务部门核定为一般纳税人，2×19 年 4 月 2 日，购入材料一批，取得的增值税专用发票上注明的价款为 8 000 元，增值税税率为 13%，增值税税额为 1 040 元，发票等结算凭证已经收到，货款已通过银行转账支付。材料已验收入库。该批材料的计划成本为 7 000 元。有关会计分录如下：

分录（1）：

借：材料采购	8 000
应交税费——应交增值税（进项税额）	1 040
贷：银行存款	9 040

分录（2）：

借：原材料	7 000
材料成本差异	1 000
贷：材料采购	8 000

2. 计划成本下发出存货时的核算

根据《企业会计准则第 1 号——存货》的规定，企业日常采用计划成本核算的，发出的材料成本应由计划成本调整为实际成本，通过"材料成本差异"科目进行结转，按照所发出材料的用途，分别计入"生产成本""制造费用""销售费用""管理费用"等科目。发出材料应负担的成本差异应当按期（月）分摊，不得在季末或年末一次计算。月末，企业根据领料单等编制"发料凭证汇总表"结转发出材料的计划成本，应当根据所发出材料的用途，按计划成本分别计入"生产成本""制造费用""销售费用""管理费用"等科目。

【例 3-7】计划成本法下发出原材料时的会计核算

鲁班制造有限公司采用计划成本法对库存材料进行核算，其在 2×19 年 5 月发出库存材料的计划成本如下：生产部门 45 000 元，管理部门 6 800 元，销售部门 1 000 元，合计 52 800 元。

该公司 5 月月初"库存材料"科目的余额为 20 000 元，本月收入的材料的计划成本为 40 000 元。月初"材料成本差异"科目的贷方余额 2 400 元，本月入库材料成本差异为贷方余额 600 元。请对本月的库存材料发出业务进行会计处理。

（1）在发出以上的库存材料时，首先按照发出库存材料的计划成本进行有关成本费用的会计处理。

借：生产成本	45 000	
管理费用	6 800	
销售费用	1 000	
贷：原材料		52 800

（2）本月月末时，计算此种库存材料的材料成本差异率，对与此种库存材料有关的成本费用科目进行调整。

材料成本差异率＝（月初结存材料的成本差异＋本月收入材料的成本差异）÷（月初结存材料的计划成本＋本月收入材料的计划成本）×100％

则：

5 月材料成本差异率＝（－2 400－600）÷（20 000+40 000）×100％＝－5％

本月发出材料成本差异＝本月发出材料计划成本 × 材料成本差异率

因此：5 月发出库存材料总的成本差异 =52 800×（－5％）＝ －2 640（元）

本月发出材料实际成本应调整的金额依次为：

生产车间应调整的金额 =45 000×（－5％）＝ －2 250（元）

管理费用应调整的金额 =6 800×（－5％）＝ －340（元）

销售费用应调整的金额 =1 000×（－5％）＝ －50（元）

根据计算结果，编制会计分录如下：

借：材料成本差异	2 640	
贷：生产成本		2 250
管理费用		340
产品销售费用		50

3.3 周转材料的核算操作

3.3.1 周转材料的概念及分类

周转材料的概念及分类见表3-9。

表3-9 周转材料的概念及分类

周转材料的概念	周转材料的分类	
周转材料是指在施工生产过程中能多次反复周转使用，并基本保持其物质形态或经过整理便可以保持或恢复实物形态的材料，如模板、挡土板、脚手架、安全网等。企业的周转材料大多是用主要材料加工制成的或是直接从外部购入的。周转材料就其在施工生产中所起的作用来说，具有劳动资料的性质。但周转材料的使用期限较短，价值较低，领用频繁，一般作为流动资产进行管理和核算	模板	指浇灌混凝土使用的木模、组合钢模以及配合模板使用的支撑材料、滑模材料、构件等。按固定资产管理的固定钢模和现场固定大型钢模板不包括在内
	挡土板	指土方工程使用的挡土板等，包括支撑材料在内
	脚手架	指搭脚手架的竹竿、木杆、竹木跳板、钢管脚手架及其附件等
	其他	如塔吊使用的轻轨、枕木等，但不包括附属于塔吊的钢轨

3.3.2 周转材料的摊销方法

施工企业应当根据具体情况对周转材料采用一次转销、分期摊销、分次摊销或者定额摊销的方法。周转材料的摊销方法见表3-10。

表3-10 周转材料的摊销方法

摊销方法名称	含义	计算公式	适用范围
一次摊销	是指领用时将周转材料的价值一次计入受益成本核算对象的成本	—	适用于易腐易糟，不宜反复周转使用的周转材料，如安全网等
分期摊销	是根据周转材料原价、预计残值和预计使用期限计算每期摊销额的一种方法，也称"直线法"	周转材料每月摊销额＝周转材料原价 ×（1-残值率）÷预计使用月数	适用于脚手架、跳板、塔吊轻轨、枕木等周转材料

续表

摊销方法名称	含义	计算公式	适用范围
分次摊销	是根据周转材料原价、预计残值和预计使用次数，计算每次摊销额的一种方法	周转材料每月一次的摊销额＝周转材料原价 × （1－残值率）÷ 预计使用次数 本期摊销额＝本期使用次数 × 每次摊销额	适用于预制钢筋混凝土构件时所使用的定型模板、模板、挡土板等周转材料
定额摊销	根据实际完成的实物工作量和预算定额规定的周转材料消耗定额，计算确认本期摊入相关工程成本、费用的金额	周转材料本期摊销额＝本期完成的实物工作量 × 单位工程周转材料消耗定额	适用于各种周转材料

对各种周转材料的具体摊销方法，由施工企业根据具体情况确定，一经确定，一般不随意更改，如需改变，应在会计报表说明书中加以说明。

对于施工企业来说，施工生产的自然条件较差，周转材料大部分都是露天堆放，发生的损耗较大。所以周转材料无论采用哪种摊销方法计算摊销额都不可能与实际消耗价值完全一致。为了使计提的周转材料摊销额尽可能与实际损耗价值一致，以保证工程成本的准确性，年终或工程竣工时，施工企业还必须对周转材料进行清理，根据实际损耗情况调整已提摊销额。

3.3.3 周转材料核算中的科目设置与会计核算

为了核算库存和在用的各种周转材料的实际成本或计划成本，施工企业应设置"周转材料"科目。该科目借方核算企业库存及在用周转材料的计划成本或实际成本，贷方核算周转材料摊销价值及盘亏、报废、毁损等原因减少的周转材料价值。期末余额反映企业期末所有在库周转材料的计划成本或实际成本以及在用周转材料的摊余价值。

由于周转材料在施工中能反复使用，它的价值是逐渐转移于工程成本中的，因此在核算上既要反映它的原值，又要反映它的损耗价值。根据这个要求，对周转材料应在"周转材料"科目下设置"在库周转材料""在用周转材料"和"周转材料摊销"三个明细科目，并按周转材料的种类设置明细账，进行明细核算。采用一次摊销法的，可以不设置以上三个明细科目。

（一）领用周转材料时的会计核算

采用一次摊销法的，领用时，将其计划成本或实际成本计入有关的成本、费用：

借：合同履约成本等

　　贷：周转材料

采用其他摊销法的，领用时，按其计划成本或实际成本：

借：周转材料——在用周转材料

　　贷：周转材料——在库周转材料

摊销时，按摊销额：

借：合同履约成本等

　　贷：周转材料——周转材料摊销

退库时，按其全部价值

借：周转材料——在库周转材料

　　贷：周转材料——在用周转材料

其中采用计划成本核算的施工企业，月度终了，应结转当月领用周转材料应分摊的成本差异，通过"材料成本差异"科目，计入有关成本、费用科目。

【例3-8】领用周转材料时的会计核算（一次摊销法）

泰山建设工程公司施工部门2×17年领取尼龙防护网一批。该公司对周转材料按照实际成本进行核算，其实际成本为5 000元，采用一次摊销法核算。相关会计分录如下：

借：合同履约成本　　　　　　　　　　　　　　　　　5 000

　　贷：周转材料　　　　　　　　　　　　　　　　　　　5 000

【例3-9】领用周转材料时的会计核算（一次摊销法，有材料成本差异）

泰山建设工程公司施工部门2×17年领用安全网一批，采用一次摊销法摊销，其计划成本为5 000元，应负担的材料成本差异为-1%，领用手续已办妥。

（1）根据周转材料领用单进行如下会计分录：

借：合同履约成本　　　　　　　　　　　　　　　　　5 000

贷：周转材料——在库周转材料		5 000

（2）月末结转该安全网材料成本差异进行如下会计分录：

应结转的材料成本差异 =5 000×（−1%）=−50（元）

借：材料成本差异——周转材料　　　　　　　　　　　　　　50

　　贷：合同履约成本　　　　　　　　　　　　　　　　　　　　50

【例 3-10】领用周转材料时的会计核算（分次摊销法，有残值）

某公司的工程部门 2×17 年领用全新挡土板一批。该批挡土板的账面价值为 10 000 元，预计使用次数为 5 次，预计残值占账面价值的 10%，采用分次摊销法核算。

（1）领用这批周转材料时，该公司的会计分录如下：

借：周转材料——在用周转材料　　　　　　　　　　　10 000

　　贷：周转材料——在库周转材料　　　　　　　　　　　　10 000

（2）计算本次摊销额时，该公司的会计分录如下：

本次摊销额 =10 000÷5=2 000（元）

借：合同履约成本　　　　　　　　　　　　　　　　　2 000

　　贷：周转材料——周转材料摊销　　　　　　　　　　　　2 000

（二）周转材料报废时的核算

周转材料报废时，企业应分别针对以下情况进行账务处理，见表 3-11。

表 3-11　周转材料报废时的核算

情况	账务处理
采用一次摊销法的	将报废周转材料的残料价值作为当月周转材料摊销额的减少，冲减有关成本、费用，借记"原材料"等科目，贷记"合同履约成本"等科目
采用其他摊销法的	首先需要补提摊销额，对尚未计提的周转材料余额，借记"合同履约成本"等科目，贷记"周转材料——周转材料摊销"科目；将报废周转材料的残料价值作为当月周转材料摊销额的减少，冲减有关成本、费用，借记"原材料"等科目，贷记"合同履约成本"等有关科目，同时，将已提摊销额，借记"周转材料——周转材料摊销"科目，贷记"周转材料——在用周转材料"科目

【例 3-11】报废周转材料时的会计核算

某公司的工程部门 2×17 年领用全新挡土板一批。该批挡土板的账面价值为 10 000 元，预计使用次数为 5 次，预计残值占账面价值的 10%，采用分次摊销法核算。这批挡土板在使用到第 5 次时已全部报废，收回残料价值为 800 元，挡土板已提摊销额 9 000

元。该公司的账务处理如下：

　　挡土板应提摊销额 =10 000-800 = 9 200（元）

　　应补提摊销额 =9 200-9 000 = 200（元）

　　①补提摊销额时，该公司的会计分录如下：

借：合同履约成本　　　　　　　　　　　　　　　　　　200

　　贷：周转材料——周转材料摊销　　　　　　　　　　　　200

　　②将残料验收入库，该公司的会计分录如下：

借：原材料　　　　　　　　　　　　　　　　　　　　　800

　　周转材料——周转材料摊销　　　　　　　　　　　9 200

　　贷：周转材料——在用周转材料　　　　　　　　　10 000

3.4　材料物资的清查

3.4.1　材料物资的盘存方法

　　企业存货的数量需要通过盘存来确定，常用的存货数量盘存方法主要有实地盘存制和永续盘存制两种。在表 3-12 中对存货盘货方法进行了较为详细的说明。

表 3-12　存货盘存方法

存货数量盘存方法	具体内容	相关说明	相关公式
实地盘存制（定期盘存制）	会计期末通过对全部存货进行实地盘点，以确定期末存货的结存数量，然后分别乘以各项存货的盘存单价，计算出期末存货的总金额，计入各有关存货科目，倒轧本期已耗用或已销售存货的成本	平时对有关存货科目只记借方，不记贷方。期末，通过实地盘点确定存货数量，据以计算期末存货成本，然后计算出当期耗用或销货成本，计入有关存货科目的贷方。这一方法用于工业企业，称为"以存计耗"或"盘存计耗"；用于商品流通企业，称为"以存计销"或"盘存计销"	"以存计耗"和"以存计销"以下列存货的基本等式为依据：期初存货 + 本期购货 = 本期耗用或销货 + 期末存货用历史成本计价，则上述公式可以改写为：本期耗用或销货成本 = 期初存货成本 + 本期购货成本 – 期末存货成本

存货数量盘存方法	具体内容	相关说明	相关公式
永续盘存制（账面盘存制）	对存货项目设置经常性的库存记录，即分别品名、规格设置存货明细账，逐笔或逐日地登记收入发出的存货，并随时记列结存数	通过会计账簿资料，就可以完整地反映存货的收入、发出和结存情况。在没有发生丢失和被盗的情况下，存货账户的余额应当与实际库存相符。采用永续盘存制，并不排除对存货的实物盘点。为了核对存货账面记录，企业应加强对存货的管理，每年至少应对存货进行一次全面盘点，具体盘点次数视企业内部控制要求而定	—

3.4.2　存货盘盈、盘亏时的会计核算

企业在进行存货的日常收发及保管过程中，因种种原因可能造成存货实际结存数量与账面结存数量不符，有时会因非常事项而造成存货毁损。为了确保账实相符，企业应定期或不定期进行存货盘点。发生存货盘盈（实际结存数量大于账面结存数量）、盘亏（实际结存数量小于账面结存数量）及毁损（非常性事项造成的存货损失）时，企业应及时查明原因，并进行账务处理，以保证账实一致。

（一）存货盘盈时的账务处理方法

发现盘盈的存货时的账务处理见表 3-13。

表 3-13　存货盘盈时的账务处理

发生存货盘盈	按规定的程序报经有关部门批准后才能做出处理
批准处理以前	先根据盘盈的存货，按同类或类似存货的市场价格计价入账调整存货账面记录，以使账实一致，即借记"原材料""库存商品"等，贷记"待处理财产损溢——待处理流动资产损溢"科目
盘盈的存货查明原因后	借记"待处理财产损溢——待处理流动资产损溢"科目，贷记有关科目

续表

发生存货盘盈	按规定的程序报经有关部门批准后才能做出处理
无法确定具体原因的	冲减企业的管理费用，借记"待处理财产损溢——待处理流动资产损溢"科目，贷记"管理费用"科目

【例 3-12】原材料盘盈时的会计核算

某企业 2×17 年进行财产清查，根据发生的有关存货盘盈的经济业务编制如下会计分录。

（1）盘点原材料，发现甲材料盘盈，按市场价格计算其成本为 1 000 元，盘盈原因待查。

借：原材料　　　　　　　　　　　　　　　　　　　　　　1 000
　　贷：待处理财产损溢——待处理流动资产损溢　　　　　　　　1 000

（2）查明原因，盘盈的原材料系收发时的计量误差所致，经批准冲销企业的管理费用。

借：待处理财产损溢——待处理流动资产损溢　　　　　　　1 000
　　贷：管理费用　　　　　　　　　　　　　　　　　　　　　　1 000

（二）存货盘亏和毁损时的账务处理

存货盘亏和毁损时的账务处理方法见表 3-14。

表 3-14　存货盘亏和毁损时的账务处理方法

发现存货盘亏和毁损，在批准处理以前	通过"待处理财产损溢——待处理流动资产损溢"科目进行核算
盘亏和毁损	借记"待处理财产损溢——待处理流动资产损溢"科目，贷记有关的存货科目
发生非正常毁损（如自然灾害、被盗窃及管理不善造成大量霉烂变质等）	按非正常损失的价值，借记"待处理财产损溢——待处理流动资产损溢"；按非正常损失存货的实际成本，贷记有关存货科目；按非正常损失存货应负担的进项税，贷记"应交税费——应交增值税（进项税额转出）"科目

续表

查明盘亏和毁损的原因后	借记有关科目（属于定额内合理盘亏，应作为管理费用列支；属于一般经营性损失的，扣除残料价值以及可以收回的保险赔偿和过失人赔偿剩余净损失，经批准也可以作为管理费用列支；属于自然灾害损失、管理不善造成货物被盗、发生霉烂变质等损失以及其他非正常损失的，扣除可以收回的保险赔偿及残料价值后的净损失，作为企业的营业外支出进行处理），贷记"待处理财产损溢——待处理流动资产损溢"科目

需要注意的是，根据《中华人民共和国增值税暂行条例》的规定，企业发生的非正常损失的购进货物以及非正常损失的在产品、产成品所耗用的购进货物或应税劳务的进项税不得从销项税中抵扣。

【例 3-13】原材料盘亏时的会计核算

金元公司在 2×19 年年末盘点时，发生以下有关的存货盘亏和毁损的事项，编制的会计分录如下：

（1）甲材料发生盘亏，实际成本为 800 元，原因待查。

借：待处理财产损溢——待处理流动资产损溢　　　　　　800

　　贷：原材料　　　　　　　　　　　　　　　　　　　　　　800

（2）后查明原因，盘亏甲材料系定额内合理损耗，批准作为管理费用列支。

借：管理费用　　　　　　　　　　　　　　　　　　　　800

　　贷：待处理财产损溢——待处理流动资产损溢　　　　　　800

（3）因发生水灾，对财产进行清查盘点。其中，产成品毁损额按实际成本计算为 2 000 元，产成品耗用的原材料及应税劳务的进项税为 260 元，并通知保险公司。

借：待处理财产损溢——待处理流动资产损溢　　　　2 260

　　贷：产成品　　　　　　　　　　　　　　　　　　　　2 000

　　　　应交税费——增值税（进项税额转出）　　　　　　260

（4）公司对水灾造成的产成品损失已经做出处理决定，残料估值 300 元，可以由保险公司赔偿的损失为 1 000 元，由企业负担的损失为 1040 元。

借：原材料　　　　　　　　　　　　　　　　　　　　300

　　其他应收款　　　　　　　　　　　　　　　　　　1 000

　　营业外支出　　　　　　　　　　　　　　　　　　960

　　贷：待处理财产损溢——待处理流动资产损溢　　　　2 260

3.5　存货跌价准备

3.5.1　存货的期末计量

　　企业的存货应当在期末（即资产负债表日）按成本与可变现净值孰低计量，按可变现净值低于存货成本的差额，计提存货跌价准备，计入当期损益。成本与可变现净值孰低法中的"成本"，是指期末存货的实际成本（即历史成本）；如果企业在存货成本的日常核算中采用计划成本法、售价金额核算法等简化核算方法，则"成本为经调整后的实际成本"。可变现净值是指在日常活动中，以存货的估计售价减去至完工时估计将要发生的成本、估计的销售费用以及相关税费后的金额，并不是指存货的现行售价。

　　"成本与可变现净值孰低法"的理论基础主要是使存货符合资产的定义。当存货的可变现净值下跌至成本以下时，由此所形成的损失已不符合资产的定义，因而应将这部分损失从资产价值中抵销，列入当期损益。当存货的可变现净值低于其成本价值时，如果仍然以其历史成本计价，就会出现虚夸资产的现象，导致会计信息的失真。

　　"确凿证据"是指对确定存货的可变现净值有直接影响的确凿证明，如产品或商品的市场销售价格、与企业产品或商品相同或类似商品的市场销售价格、供货方提供的有关资料、销售方提供的有关资料、生产成本资料等。企业持有存货的目的不同，确定存货可变现净值的计算方法也不同，如用于出售的存货和用于继续加工的存货，其可变现净值的计算就不相同。企业持有存货的目的见图3-2。

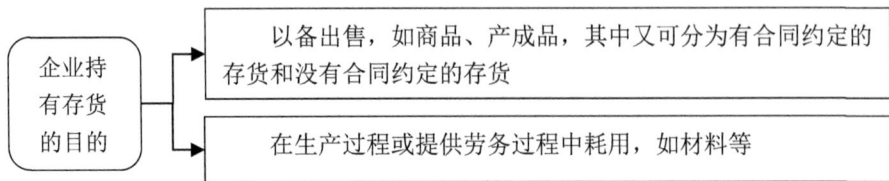

图3-2　企业持有存货的目的

企业在确定存货的可变现净值时还应考虑资产负债表日后事项等的影响。这些事项应能够确定资产负债表日存货的存在状况，即在确定资产负债表日存货的可变现净值时，不仅要考虑资产负债表日与该存货相关的价格与成本波动，而且还应考虑未来的相关事项。也就是说，不仅限于财务报告批准报出日之前发生的相关价格与成本波动，还应考虑以后期间发生的相关事项。

3.5.2　存货期末计价的方法

可变现净值法是存货期末计价的方法之一。确定不同性质的存货的可变现净值的方法见表 3-15。

表 3-15　可变现净值的确定

存货类别	可变现净值的确定
产成品、商品和用于出售的材料等直接用于出售的	以该存货的估计售价减去估计的销售费用和相关税费后的金额确定
需要经过加工的材料存货	以所生产的产成品的估计售价减去至完工时估计将要发生的成本、估计的销售费用以及相关税费后的金额确定
资产负债表日，同一项存货中一部分有合同价格约定，其他部分不存在合同价格	分别确定其可变现净值，并与其相对应的成本进行比较，分别确定存货跌价准备的计提或转回的金额

企业在确定不同性质的存货的估计售价时所用的方法是不同的，估计售价的确定方法见表 3-16。

表 3-16　估计售价的确定方法

持有的各类存货	估计售价的确定方法
为执行销售合同或者劳务合同而持有的	以产成品或商品的合同价格作为其可变现净值的计算基础；如果持有存货的数量多于销售合同订购数量的，超出部分以一般销售价格为计算基础；如果企业销售合同所规定的标的物还没有生产出来，但持有专门用于该标的物生产的原材料，其可变现净值应当以合同价格作为计算基础
没有销售合同约定的	以产成品或商品一般销售价格（即市场销售价格）作为计算基础
用于出售的材料等	以市场销售价格作为其可变现净值的计算基础

企业应当定期或者至少于每年年度终了对存货进行全面清查。如果由于存货遭受毁损、全部或部分陈旧过时或销售价格低于成本等原因，使存货成本高于可变现净值的，企业应按可变现净值低于成本的差额，计提存货跌价准备；如果以前减计存货价值的影响因素已经消失，则减计的金额应当予以恢复，并在原已计提的存货跌价准备的金额内转回，以此减少计提的存货跌价准备。在资产负债表中，存货项目按照减去存货跌价准备的净额反映。应计提存货跌价准备的几种情况见表3-17。

表3-17 应计提存货跌价准备的几种情况

应计提存货跌价准备的几种情况	该存货的市价持续下跌，并且在可预见的未来无回升的希望
	企业使用该项原材料生产的产品的成本大于产品的销售价格
	企业因产品更新换代，原有库存原材料已不适应新产品的需要，而该原材料的市场价格又低于其账面成本，或因企业所提供的商品或劳务过时或消费者偏好改变而使市场的需求发生变化，导致市场价格逐渐下跌
	其他足以证明该项存货实质上已经发生减值的情形

表3-18为存货的可变现净值为零的几种特殊情形。

表3-18 存货的可变现净值为零的几种特殊情形

存货的可变现净值为零的情形	已霉烂变质的存货
	已过期且无转让价值的存货
	生产中已不再需要，并且已无使用价值和转让价值的存货
	其他足以证明已无使用价值和转让价值的存货

存货跌价准备通常应当按单个存货项目计提。在某些情况下，比如，①与在同一地区生产和销售的产品系列相关，具有相同或类似最终用途或目的，且难以与其他项目分开计量的存货，可以合并计提存货跌价准备；②对于数量繁多、单价较低的存货，可以按存货类别计提存货跌价准备。企业按成本与可变现净值孰低法对存货计价时，可供选择的计算方法见表3-19。

表 3-19　企业按成本与可变现净值熟低法对存货计价时，可供选择的计算方法

三种不同的计算方法	单项比较法（逐项比较法或个别比较法）	对库存的每一种存货的成本与可变现净值逐项进行比较，每项存货均取较低数确定期末的存货成本
	分类比较法（类比法）	按存货类别的成本与可变现净值进行比较，每类存货取其较低数确定存货的期末成本
	综合比较法（总额比较法）	按全部存货的总成本与可变现净值总额相比较，以较低数作为期末全部存货的成本

【例 3-14】原材料如何进行期末计价

某企业 2×17 年有甲、乙两大类 A、B、C、D 四种存货，各种存货分别按三种计算方式确定期末存货的成本，详见表 3-20。

表 3-20　期末存货成本与可变现净值比较表　　　　单位：元

存货项目	成本	可变现净值	期末计价		
			单项比较法	分类比较法	总额比较法
甲类存货	10 000	9 600		9 600	
A 存货	4 000	3 200	3 200		
B 存货	6 000	6 400	6 000		
乙类存货	20 000	20 800		20 000	
C 存货	8 000	9 200	8 000		
D 存货	12 000	11 600	11 600		
总计	30 000	30 400	28 800	29 600	30 000
应计提减值准备			1 200	400	—

由表 3-20 可知，单项比较法确定的期末存货成本最低，为 28 800 元；分类比较法次之，为 29 600 元；总额比较法最高，为 30 000 元。相应地，计提的存货跌价准备分别为 1 200 元、400 元和 0 元。

3.5.3　存货跌价准备的核算

（一）存货跌价准备的计提

资产负债表日，存货的成本高于其可变现净值的，企业应当计提存货跌

价准备。存货跌价准备的计提方法见表3-21。

表3-21　存货跌价准备的计提方法

通常情况	按照单个存货项目计提存货跌价准备	成本与其可变现净值的差额即为应计提的存货跌价准备，与已提数进行比较，若应提数大于已提数，则应予补提。企业计提的存货跌价准备，应计入当期损益
数量繁多、单价较低的存货	按照存货类别计提存货跌价准备	与在同一地区生产和销售的产品系列相关、具有相同或类似最终用途或目的，且难以与其他项目分开计量的存货，可以合并计提存货跌价准备

【例3-15】存货跌价准备的计提

北方股份有限公司采用成本与可变现净值孰低法对2×17年期末存货进行计量，采用单项比较法进行存货成本与可变现净值的比较。2×17年12月31日，A、B两种存货的成本分别为40万元、27万元，可变现净值分别为36万元、30万元。

对于A存货，其成本40万元高于可变现净值36万元，应计提存货跌价准备4（40-36）万元。

对于B存货，其成本27万元低于可变现净值30万元，无需计提存货跌价准备。

因此，该企业对A、B两种存货计提的跌价准备共计为4万元，在当日资产负债表中列示的存货金额为63（36+27）万元。

（二）存货跌价准备的转回

当以前减计存货价值的影响因素已经消失，减计的金额应当予以恢复，并在原计提的存货跌价准备金额内转回，转回的金额计入当期损益（资产减值损失）。

在核算存货项目或类别应当存在直接对应关系。在原已计提的存货跌价准备金额内转回，意味着转回的金额以将存货跌价准备的余额冲减至零为限。

【例3-16】存货跌价准备的转回

北方股份有限公司采用成本与可变现净值孰低法对期末存货进行计量，采用单项比较法进行存货成本与可变现净值的比较。2×15年12月31日，A、B两种存货的成本分别为40万元、27万元，可变现净值分别为36万元、30万元。对存货A计提存货跌价准备4万元。

　　假设 2×16 年年末，存货的种类和数量、账面成本和已计提的存货跌价准备未发生变化，但是，2×17 年以来 A 存货市场价格持续上升，市场前景明显好转，可以判断以前造成减计存货价值的影响因素已经消失，减计的金额应当在原已计提的存货跌价准备金额内予以恢复。相关账务处理如下：

　　借：存货跌价准备　　　　　　　　　　　　　　　　40 000
　　　　贷：资产减值损失　　　　　　　　　　　　　　　　40 000

　　需要注意的是，导致存货跌价准备转回的是以前减计存货价值的影响因素的消失，而不是在当期造成存货可变现净值高于其成本的其他影响因素。如果本期导致存货可变现净值高于其成本的影响因素不是以前减计该存货价值的影响因素，则不允许将该存货跌价准备转回。

（三）存货跌价准备的结转

　　存货跌价准备的结转方法见表 3-22。

表 3-22　存货跌价准备的结转方法

计提了存货跌价准备的部分存货已经销售	结转销售成本时，应同时结转对其已计提的存货跌价准备
因债务重组、非货币性交易转出的存货	结转已计提的存货跌价准备，但不冲减当期的管理费用
按存货类别计提存货跌价准备	按比例结转相应的存货跌价准备

　　需要说明的是，因销售、债务重组、非货币性交易应结转的存货跌价准备 = 上期末该类存货所计提的存货跌价准备的账面余额 ÷ 上期末该类存货的账面余额 × 因销售、债务重组、非货币性交易而转出的存货的账面余额。

【例 3-17】计提存货跌价准备时的账务处理

　　2×16 年，甲公司库存 A 机器 5 台，每台成本为 5 000 元，已经计提的存货跌价准备为 6 000 元。2×17 年，甲公司将库存的 5 台机器全部以每台 6 000 元的价格售出。假定不考虑可能发生的销售费用及税金的影响，甲公司应将这 5 台 A 机器已经计提的跌价准备在结转其销售成本的同时，全部予以结转。

　　甲公司的相关账务处理如下：

借：主营业务成本　　　　　　　　　　　　　　　　　　　19 000

　　　存货跌价准备　　　　　　　　　　　　　　　　　　　6 000

　　　贷：原材料——A机器　　　　　　　　　　　　　　　　　25 000

第4章
十八般兵器——固定资产的会计核算

4.1　固定资产的概念与确认

4.1.1　固定资产的概念及特征

　　固定资产是指为生产产品、提供劳务、出租或者经营管理而持有的，使用时间超过12个月的、价值达到一定标准的非货性资产，包括房屋、建筑物、机器、机械、运输工具以及其他与生产经营活动有关的设备、器具、工具等。

　　固定资产的特征见表4-1。

表4-1　固定资产的特征

固定资产的特征	为生产商品、提供劳务、出租或经营管理而持有
	使用寿命(企业使用固定资产的预计期间，或者该固定资产所能生产产品或提供劳务的数量)超过12个月

4.1.2　固定资产的确认条件

　　固定资产的确认条件见表4-2。

表4-2　固定资产的确认条件

固定资产确认条件（同时满足）	与该固定资产有关的经济利益很可能流入企业
	该固定资产的成本能够可靠地计量

　　如果固定资产在存续期间，发生了与固定资产有关的后续支出，而且符

合《企业会计准则第 4 号——固定资产》所规定的确认条件的，应当计入固定资产成本；不符合确认条件的，应当在发生时计入当期损益。

4.1.3　固定资产确认条件的具体应用

尽管《企业会计准则第 4 号——固定资产》对固定资产的确认比较明确，在会计实务中，仍会有一些特殊的情况。在本小节中，我们将会对一些特殊情况下，是否可以将其确认为固定资产进行具体的分析与说明，见表 4-3。

表 4-3　特殊情况的说明

特殊情况	确认为固定资产进行具体的分析与说明	举例说明
固定资产的各组成部分是否单独确认为固定资产	各组成部分有不同的使用寿命或者以不同的方式为企业提供经济利益，将其各组成部分单独确认为单项固定资产	飞机的引擎，与飞机机身具有不同的使用寿命，从而适用不同的折旧率或折旧方法，则企业应将其单独确认为固定资产
环保与安全设备	虽然不能直接为企业带来经济利益，但有助于企业从相关资产中获得经济利益，或者将减少企业未来经济利益的流出，应将其确认为固定资产	为净化环境或者满足国家有关排污标准的需要购置的环保设备
一些特殊行业专用器材	符合固定资产的定义及其确认条件，就应当确认为固定资产；不符合固定资产的定义或没有满足固定资产的确认条件，就不应当确认为固定资产，而应当作为流动资产进行核算和管理	工业企业持有的工具、模具、管理用具、玻璃用具、玻璃器皿等资产，施工企业持有的模板、挡土板、架料等周围材料，以及地质勘探企业持有的管材等资产

4.2　固定资产的初始计量

表 4-4 中对固定资产的相关概念进行了简单的说明。

表 4-4　固定资产的相关概念

相关概念	具体含义	相关说明
固定资产的初始计量	企业取得固定资产时初始成本的确定	准确地计量固定资产的成本，对于体现收入成本匹配原则及合理地分摊固定资产的成本有重要的意义
固定资产的成本	企业购建某项固定资产达到预定可使用状态前所发生的一切合理的、必要的支出	对于特定行业的特定固定资产，确定其成本时，还应考虑预计弃置费用因素，如核电站核废料的处置等
固定资产的取得方式	主要包括购买、自行建造、融资租入	取得的方式不同，初始计量方法也各不相同

4.2.1　外购的固定资产

企业外购的固定资产的成本，包括购买价款、相关税费、使固定资产达到预定可使用状态前所发生的可归属于该项资产的运输费、装卸费、安装费和专业人员服务费等。外购固定资产分为购入不需要安装的固定资产和购入需要安装的固定资产两类。

（一）购入不需要安装的固定资产

企业购入不需要安装的固定资产时，按应计入固定资产成本的金额：

借：固定资产

　　贷：银行存款等

（二）购入需要安装的固定资产

企业购入需要安装的固定资产时，先计入"在建工程"科目，达到预定可使用状态时再转入"固定资产"科目。

【例 4-1】购入需要安装的固定资产时的会计核算

2×19 年 5 月 10 日，北方建筑工程公司购入一台需要安装的注塑成型设备，取得的增值税专用发票上注明的设备价款为 100 000 元，增值税税率为 13%，增值税税额为 13 000 元，为将设备运输到安装地点共支付装卸费、保险费合计 3 000 元，全部款项已通过银行转账的形式予以支付。

在安装设备时，领用原材料一批，其账面成本为 5 000 元，未计提存货跌价准备，增值税税率为 13%，购进该批原材料时已付的增值税进项税额为 650 元；应支付安装工人薪酬 1 800 元。假定不考虑其他相关税费，北方建筑工程公司应该进行的会计处理如下。

（1）支付设备价款、增值税、装卸费合计为 116 000（100 000+13 000+3 000）元：

借：在建工程　　　　　　　　　　　　　　　　116 000

　　贷：银行存款　　　　　　　　　　　　　　　116 000

（2）领用本公司原材料、支付安装工人薪酬等费用合计为 7 450（5 000+650+1 800）元：

借：在建工程　　　　　　　　　　　　　　　　7 450

　　贷：原材料　　　　　　　　　　　　　　　　5 000

　　　　应交税费——应交增值税（进项税额转出）　650

　　　　应付职工薪酬　　　　　　　　　　　　　1 800

（3）设备安装完毕达到预定可使用状态时，该设备的总成本为 123 450（116 000+7 450）元：

借：固定资产　　　　　　　　　　　　　　　　123 450

　　贷：在建工程　　　　　　　　　　　　　　　123 450

（三）外购固定资产时的特殊考虑

以一笔款项购入多项没有单独标价的固定资产时，企业应当按照各项固定资产的公允价值比例对总成本进行分配，分别确定各项固定资产的成本。

【例 4-2】购入需要分摊购买价款的固定资产时的会计核算

2×19 年 5 月 12 日，北方建筑工程公司一次性购入三台独立运行的设备。这些设备的价款合计为 2 000 000 元，增值税税款为 260 000 元（增值税税率为 13%），三套设备的装卸、保险费合计 4 000 元。这三套设备都具备确认为固定资产的条件，其公允价值分别为 900 000 元、600 000 元、500 000 元。不考虑其他相关税费，北方建筑工程公司的会计处理如下：

（1）确定 A、B 和 C 这三套设备的成本分配比例

A 设备的成本分配比例 =900 000÷（900 000+600 000+500 000）=45%

B 设备的成本分配比例 =600 000÷（900 000+600 000+500 000）=30%

C 设备的成本分配比例 =500 000÷（900 000+600 000+500 000）=25%

（2）确定应计入固定资产成本的总金额，包括买价、包装费及增值税税额等

应计入固定资产成本的金额 =2 000 000+260 000+4 000=2 264 000（元）

（3）确定设备A、B和C各自的入账价值

A设备的入账价值 =2 264 000×45% =1 018 800（元）

B设备的入账价值 =2 264 000×30% =679 200（元）

C设备的入账价值 =2 264 000×25% =566 000（元）

（4）编制会计分录

借：固定资产——A		1 018 800
——B		679 200
——C		566 000
贷：银行存款		2 264 000

（四）由于延期付款需要支付利息时的核算

有时，企业有可能会延期支付购买固定资产的价款。购入固定资产时，超过正常信用条件延期支付价款、实质上具有融资性质的，企业按应付购买价款的现值，借记"固定资产"科目或"在建工程"科目；按应支付的金额，贷记"长期应付款"科目；按其差额，借记"未确认融资费用"科目。

【例4-3】购入固定资产后，延期付款

2×19年1月1日，甲公司与乙公司签订一项购货合同，从乙公司购入一台需要安装的大型机器设备，收到的增值税专用发票上注明的设备价款为9 000 000元，增值税税额为1 170 000元。合同约定，甲公司于2×19年～2×23年5年内，每年的12月31日支付2 034 000元。2019年1月1日，甲公司收到该设备并投入安装，发生保险费、装卸费等7 000元；2019年12月31日，该设备安装完毕达到预定可使用的状态，共发生安装费50 000元，款项均以银行存款支付。假定甲公司综合各方面因素后决定采用10%作为折现率，不考虑其他因素。甲公司的账务处理如下。

（1）2019年1月1日，确定购入固定资产成本的金额，包括购买价款、增值税税额、保险费、装卸费等。

经查年金现值表，利率为10%，5年期期末现值系数为3.7 908。

购入的固定资产的成本 =2 034 000×3.7908-1 170 000=6 540 487.2（元）

借：在建工程　　　　　　　　　　　　　　　　　　　7 000

贷：银行存款	7 000
借：在建工程	6 540 487.2
应交税费——应交增值税（进项税额）	1 170 000
未确认融资费用	2 459 512.8
贷：长期应付款	10 170 000

（2）2×19年度发生安装费用50 000元：

借：在建工程	50 000
贷：银行存款	50 000

（3）确定未确认融资费用在信用期间的分摊额，见表4-5。

表4-5　未确认融资费用分摊表

日期	分期付款额	确认的融资费用	应付本金减少额	应付本金余额
	（1）	（2）= 期初 4×10%	（3）=（1）-（2）	（4）= 期初 （4）-（3）
2×19年1月1日				7 710 487.2
2×19年12月31日	2 034 000	771 048.72	1 262 951.28	6 447 535.92
2×20年12月31日	2 034 000	644 753.59	1 389 246.41	5 058 289.51
2×21年12月31日	2 034 000	505 828.95	1 528 171.05	3 530 118.46
2×22年12月31日	2 034 000	353 011.85	1 680 988.15	1 849 130.31
2×23年12月31日	2 034 000	184 869.69*	1 849 130.31	0
合计	10 170 000	2 459 512.8	7 710 487.2	

* 尾数调整

（4）2×19年12月31日，分摊未确认融资费用、结转工程成本、支付款项：

借：财务费用	771 048.72
贷：未确认融资费用	771 048.72

本年年末应结转的在建工程金额 =7 710 487.2+7 000+50 000=7 767 487.2（元）

借：固定资产	7 767 487.2
贷：在建工程	7 767 487.2
借：长期应付款	2 034 000

   贷：银行存款   2 034 000

（5）2×20 年 12 月 31 日，分摊未确认的融资费用、支付款项。

借：财务费用   644 753.59

  贷：未确认融资费用   644 753.59

借：长期应付款   2 034 000

  贷：银行存款   2 034 000

2×21 年～2×23 年分摊未确认融资费用、支付款项的账务处理比照 2×20 年的相关财务处理。

4.2.2 自行建造的固定资产

  自行建造的固定资产，按建造该项资产达到预定可使用状态前所发生的必要支出，作为入账价值。"建造该项资产达到预定可使用状态前所发生的必要的支出"，包括工程用物资成本、人工成本、缴纳的相关税费、应予资本化的借款费用以及应分摊的间接费用等。企业为在建工程准备的各种物资，应按实际支付的购买价款、增值税税额、运输费、保险费等相关税费，作为实际成本，并按各种专项物资的种类进行明细核算。应计入固定资产成本的借款费用，应当按照"借款费用"的有关规定处理。企业的自营工程，应当按照直接材料、直接人工、直接机械施工费等计量；采用出包工程方式的企业，按照应支付的工程价款等计量。设备安装工程，按照所安装设备的价值、工程安装费用、工程试运转等所发生的支出等确定工程成本。

自营工程

  企业自营工程主要通过"工程物资"和"在建工程"科目进行核算。

  自营工程的核算内容和借贷方处理见表 4-6。

表 4-6 自营工程的核算内容和借贷方处理

会计科目	核算内容	借贷方内容	明细科目的设置
工程物资	核算用于基建工程、改造工程和大修理工程准备的各种物资的实际成本，包括为工程准备的材料、尚未交付安装的需要安装设备的实际成本，以及预付大型设备款和基本建设期间根据项目概算购入为生产准备的工具及器具等的实际成本	借方登记增加的工程物资的实际成本，贷方登记减少（包括工程领用、转作生产用料、对外出售、盘亏毁损等）的工程物资的实际成本。余额在借方，反映企业为工程购入但尚未领用的专用材料的实际成本、购入需要安装设备的实际成本，以及为生产准备但尚未交付的工具及器具的实际成本等	按专用材料、专用设备、预付大型设备款、为生产准备的工具及器具设置明细科目
在建工程	核算企业为基建工程、安装工程、技术改造工程、大修理工程所发生的实际支出，以及改扩建工程等转入的固定资产净值	借方登记工程的各项支出，贷方登记工程完工转作固定资产的成本，余额在借方，反映企业尚未完工的基建工程发生的各项实际支出	按建筑工程、安装工程、在安装设备、技术改造工程、大修理工程、其他支出设置明细科目

1. 工程物资的核算

与工程物资相关的会计处理见表 4-7。

表 4-7 与工程物资相关的会计处理

相关业务	相关会计处理
企业购入为工程准备的物资	借记"工程物资"（专用材料、专用设备），贷记"银行存款""应付账款""应付票据"等
为购置大型设备而预付款	借记"工程物资"（预付大型设备款），贷记"银行存款"科目
收到设备并补付设备价款	借记"工程物资"（专用设备）；按预付的价款，贷记"工程物资"（预付大型设备款）；按补付的价款，贷记"银行存款"等
工程领用工程物资	借记"在建工程"，贷记"工程物资"（专用材料等）
工程完工后对领出的剩余工程物资应当办理退库手续	编制与领用工程物资时的会计分录相反的会计分录

续表

相关业务	相关会计处理
工程完工，将为生产准备的工具及器具交付生产使用	借记"低值易耗品"科目，贷记"工程物资"（为生产准备的工具及器具）科目
工程完工后剩余的工程物资，如转为本企业存货的	借记"原材料"科目，按可抵扣的增值税进项税额，借记"应交税费——应交增值税（进项税额）"科目；按转入存货的剩余工程物资的账面余额，贷记"工程物资"科目。工程完工后剩余的工程物资对外出售的，应先结转工程物资的进项税额，借记"应交税费——应交增值税（进项税额）"科目，贷记"工程物资"；出售时，应确认收入并结转相应的成本
盘盈、盘亏、报废、毁损的工程物资	减去保险公司、过失人赔偿部分，工程项目尚未完工的，计入或冲减所建工程项目的成本；工程已经完工的，计入营业外收支

2. 在建工程的核算

在建工程的相关会计处理见表 4-8。

表 4-8　在建工程的相关会计处理

相关业务	会计处理
领用工程用材料物资	借记"在建工程"（建筑工程、安装工程等——××工程），贷记"工程物资"
基建工程领用本企业外购生产经营用原材料的，应按原材料的实际成本加上不能抵扣的增值税进项税额	借记"在建工程"（建筑工程、安装工程等——××工程）；按原材料的实际成本或计划成本，贷记"原材料"科目；按不能抵扣的增值税进项税额，贷记"应交税费——应交增值税（进项税额转出）。采用计划成本进行材料日常核算的企业，还应当分摊材料成本差异
基建工程领用本企业的商品产品以及委托加工收回的材料物资	借记"在建工程"（建筑工程、安装工程——××工程）；按应交的相关税费，贷记"应交税费——应交增值税（销项税额）"等科目；贷记"库存商品"
基建工程应负担的职工工资	借记"在建工程"（建筑工程、安装工程——××工程），贷记"应付职工薪酬"

续表

相关业务	会计处理
企业的辅助生产部门为工程提供的水、电、设备安装、修理、运输等劳务	借记"在建工程"（建筑工程、安装工程等——××工程），贷记"生产成本——辅助生产成本"
基建工程发生的工程管理费、征地费、可行性研究费、临时设施费、公证费、监理费等	借记"在建工程"（其他支出），贷记"银行存款"等科目；基建工程应负担的税金，借记"在建工程"（其他支出），贷记"银行存款"等
由于自然灾害等原因造成的单项工程或单位工程报废或毁损	减去残料价值和过失人或保险公司等赔款后的净损失，报经批准后计入继续施工的工程成本，借记"在建工程"（其他支出）科目，贷记本科目（建筑工程、安装工程等——××工程）；如为非正常原因造成的报废或毁损，或在建工程项目全部报废或毁损，应将其净损失直接计入当期营业外支出
工程物资在建设期间发生的盘亏、报废及毁损	报经批准后，借记"在建工程"，贷记"工程物资"科目；盘盈的工程物资或处置收益，编制相反的会计分录
基建工程达到预定可使用状态前进行负荷联合试车发生的费用	借记"在建工程"（其他支出），贷记"银行存款""库存商品"等
获得的试车收入或按预计售价将能对外销售的产品转为库存商品	借记"银行存款""库存商品"等，贷记"在建工程"（其他支出）
基建工程完工后应当进行清理，已领出的剩余材料应当办理退库手续	借记"工程物资"科目，贷记"在建工程"

需要注意的是，基建工程完工交付使用时，企业应当计算各项交付使用固定资产的成本，编制交付使用固定资产明细表。

企业应当设置"在建工程其他支出备查簿"，专门登记基建项目发生的构成项目概算内容但不通过"在建工程"科目核算的其他支出，包括按照建设项目概算内容购置的不需要安装设备、现成房屋、无形资产以及发生的递延费用等。企业在发生上述支出时，应当通过"固定资产""无形资产"和"长期待摊费用"科目核算，同时应在"在建工程其他支出备查簿"中进行登记。

【例 4-4】自行建造固定资产

A 企业 2×19 年自行建造一座仓库，购入为工程准备的各种物资 20 000 元，增值税税率为 13%，支付的增值税额为 2 600 元，实际领用工程物资（含增值税）20 340 元，剩余物资转作企业存货；另外还领用了企业生产用的原材料一批，实际成本为 3 000 元，应转出的增值税为 390 元；支付工程人员工资 5 000 元，企业辅助生产车间为工程提供有关劳务支出 1 000 元，工程完工交付使用。有关会计处理如下。

（1）购入为工程准备的物资：

借：工程物资	22 600
贷：银行存款	22 600

（2）工程领用物资：

借：在建工程——仓库	20 340
贷：工程物资	20 340

（3）工程领用原材料

借：在建工程——仓库	3390
贷：原材料	3 000
应交税费——应交增值税（进项税额转出）	390

（4）支付工程人员工资

借：在建工程——仓库	5 000
贷：应付职工薪酬	5 000

（5）辅助生产车间为工程提供的劳务支出

借：在建工程——仓库	1 000
贷：生产成本——辅助生产成本	1 000

（6）工程完工交付使用

借：固定资产	29 730
贷：在建工程——仓库	29 730

（7）剩余工程物资转作企业存货

借：原材料	2 000
应交税费——应交增值税（进项税额）	260
贷：工程物资	2260

3. 出包工程

企业采用出包方式进行的自制、自建固定资产工程，其工程的具体支出在承包单位核算。在这种方式下，"在建工程"科目实际成为企业与承包单位的结算科目，企业将与承包单位结算的工程价款作为工程成本，通过"在建工程"科目核算。与出包工程相关的会计处理见表4-9。

表4-9　与出包工程相关的会计处理

相关业务	会计处理
企业应按合同约定向承包企业预付工程款、备料款	借记"在建工程"（建筑工程、安装工程等——××工程），贷记"银行存款"
以拨付给承包企业的材料抵作预付备料款	借记"在建工程"（建筑工程、安装工程等——××工程），贷记"工程物资"
将需要安装的设备交付承包企业进行安装	借记"在建工程"（在安装设备），贷记"工程物资"
与承包企业办理工程价款结算时，补付的工程款	借记"在建工程"（建筑工程、安装工程等——××工程），贷记"银行存款""应付账款"等

企业采用出包方式建造固定资产发生的、需分摊计入固定资产价值的待摊支出，应按下列公式进行分摊：

待摊支出分配率＝累计发生的待摊支出÷（建筑工程支出＋在安装设备支出）×100%

某工程应分配的待摊支出＝某工程的建筑工程支出、安装工程支出和在安装设备支出合计 × 分配率

【例4-5】对外出包建造固定资产

甲公司经批准新建一个火电厂，包括建造发电车间、冷却塔、安装发电设备等3个单项工程。2×17年2月1日，甲公司与乙公司签订合同，将火电厂新建工程出包给乙公司。双方约定，建造发电车间的价款为5 000 000元，建造冷却塔的价款为2 800 000元，安装发电设备的价款为3 800 000元，安装费用为450 000元。其他有关资料如下。

（1）2×17年2月1日，甲公司向乙公司预付建造发电车间的工程价款3 000 000元。

（2）2×17年5月8日，甲公司购入发电设备，支付价款3 800 000元。

（3）2×17年7月2日，甲公司向乙公司预付建造冷却塔的工程价款1 400 000元。

（4）2×17年7月22日，甲公司将发电设备运抵现场，交付乙公司安装。

（5）工程项目发生管理费、可行性研究费、公证费、监理费共计116 000元，款项已经支付。

（6）工程建造期间，由于台风造成冷却塔工程部分毁损，经核算，损失为450 000元，保险公司已承诺赔付300 000元。

（7）2×17年12月20日，所有工程完工，甲公司收到乙公司的有关工程结算单据后，补付剩余工程款。

甲公司的账务处理如下。

（1）2×17年2月1日，预付建造发电车间工程款：

借：预付账款——建筑工程（发电车间）　　　　　　3 000 000

　　贷：银行存款　　　　　　　　　　　　　　　　　　3 000 000

（2）2×17年5月8日，购入发电设备：

借：工程物资——发电设备　　　　　　　　　　　　3 800 000

　　贷：银行存款　　　　　　　　　　　　　　　　　　3 800 000

（3）2×17年7月2日，预付建造冷却塔工程款：

借：预付账款——建筑工程（冷却塔）　　　　　　　1 400 000

　　贷：银行存款　　　　　　　　　　　　　　　　　　1 400 000

（4）2×17年7月22日，将发电设备交乙公司安装：

借：在建工程——在安装设备（发电设备）　　　　　3 800 000

　　贷：工程物资——发电设备　　　　　　　　　　　　3 800 000

（5）支付工程发生的管理费、可行性研究费、公证费、监理费：

借：在建工程——待摊支出　　　　　　　　　　　　　116 000

　　贷：银行存款　　　　　　　　　　　　　　　　　　　116 000

（6）台风造成冷却塔工程部分毁损：

借：营业外支出　　　　　　　　　　　　　　　　　　150 000

　　其他应收款　　　　　　　　　　　　　　　　　　　300 000

　　贷：在建工程——建筑工程（冷却落）　　　　　　　　450 000

（7）2×17年12月20日，结算工程款并补付剩余工程款：

借：在建工程——建筑工程（发电车间）　　　　　　　 5 000 000

　　　　　　　——建筑工程（冷却塔）　　　　　　　 2 800 000

　　　　　　　——安装工程（发电车间）　　　　　　　 450 000

　　贷：银行存款　　　　　　　　　　　　　　　　　 3 850 000

　　　　预付账款——建筑工程（发电车间）　　　　　 3 000 000

　　　　　　　　——建筑工程（冷却塔）　　　　　　 1 400 000

（8）分摊待摊支出：

待摊支出分配率 =116 000÷（5 000 000+2 800 000－450 000+3 800 000+

450 000）×100%=1%

发电车间应分配的待摊支出 =5 000 000×1%=50 000（元）

冷却塔应分配的待摊支出 =（2 800 000－450 000）×1%=23 500（元）

发电设备（安装工程）应分配的待摊支出 =450 000×1%=4 500（元）

发电设备（在安装设备）应分配的待摊支出 =3 800 000×1%=38 000（元）

借：在建工程——建筑工程（发电车间）　　　　　　　　 50 000

　　　　　　　——建筑工程（冷却塔）　　　　　　　　 23 500

　　　　　　　——安装工程（发电设备）　　　　　　　　 4 500

　　　　　　　——在安装设备（发电设备）　　　　　　 38 000

　　贷：在建工程——待摊支出　　　　　　　　　　　　 116 000

（9）结转固定资产：

借：固定资产——发电车间　　　　　　　　　　　　　 5 050 000

　　　　　　　——冷却塔　　　　　　　　　　　　　 2 373 500

　　　　　　　——发电设备　　　　　　　　　　　　 4 292 500

　　贷：在建工程——建筑工程（发电车间）　　　　　　 5 050 000

　　　　　　　　——建筑工程（冷却塔）　　　　　　　 2 373 500

　　　　　　　　——安装工程（发电设备）　　　　　　　 454 500

　　　　　　　　——在安装设备（发电设备）　　　　　 3 838 000

4.2.3　融资租入的固定资产

　　融资租赁，是指实质上转移了与资产所有权有关的全部风险和报酬的租赁。这时，固定资产的所有权最终可能转移，也可能不转移。企业与出租人签订的租赁合同是否应该认定为融资租赁合同，不在于租赁合同的形式，而应视出租人是否将租赁资产的风险和报酬转移给了承租人而定。如果实质上转移了与资产所有权有关的全部风险和报酬，则该项租赁应认定为融资租赁；如果实质上并没有转移与资产所有权有关的全部风险和报酬，则该项租赁应认定为经营租赁。

企业采用融资租赁方式租入的固定资产，虽然在法律形式上，其所有权在租赁期间仍然属于出租人，但由于租赁期基本上包括了资产的有效使用年限，承租企业实质上获得了租赁资产所能提供的主要经济利益，同时承担了与资产所有权有关的风险，因此，承租企业应将融资租入资产作为一项固定资产入账，同时确认相应的负债，并采用与自有应折旧资产相一致的折旧政策计提折旧。

为与企业自有固定资产相区别，企业应对融资租入固定资产单设"融资租入固定资产"明细科目进行核算。对于融资租入的固定资产，企业的会计处理详见表 4–10。

表 4–10　与融资租入的固定资产相关的会计处理

会计事项	会计处理
在租赁期开始日	将租赁开始日租赁资产的公允价值与最低租赁付款额现值两者中较低者，加上在租赁谈判过程中发生过的、可直接归属于租赁项目的手续费、律师费、差旅费、印花税等初始直接费用，作为租入资产的入账价值，借记"固定资产——融资租入固定资产"科目；按最低租赁付款额，贷记"长期应付款"科目；按发生的初始直接费用，贷记"银行存款""库存现金"等科目；按其差额，借记"未确认融资费用"科目
每期支付租金费用	借记"长期应付款"，贷记"银行存款"
支付的租金中包含履约成本	按履约成本金额，借记"制造费用""管理费用"等，贷记"银行存款"
每期采用实际利率法分摊未确认融资费用	按当期应分摊的未确认融资费用金额，借记"财务费用"科目，贷记"未确认融资费用"科目
租赁期届满	如合同约定将租赁资产所有权转归承租企业的，企业应进行转账，将固定资产从"融资租入固定资产"明细科目转入有关明细科目

采用实际利率法分摊未确认融资费用时，分摊率的确定方法见表4-11。

表4-11   采用实际利率法分摊未确认融资费用时，分摊率的确定方法

采用实际利率法分摊未确认融资费用时，分摊率确定的几种情况	以出租人租赁内含利率作为折现率将最低租赁付款额折现，且以该现值作为租赁资产入账价值的，应当将租赁内含利率作为未确认融资费用的分摊率
	以合同约定利率作为折现率将最低租赁付款额折现，且以该现值作为租赁资产入账价值的，应当将合同约定利率作为未确认融资费用的分摊率
	以银行同期贷款利率作为折现率将最低租赁付款额折现，且以该现值作为租赁资产入账价值的，应当将银行同期贷款利率作为未确认融资费用的分摊率
	以租赁资产公允价值作为入账价值的，应当重新计算分摊率，该分摊率是使最低租赁付款额的现值等于租赁资产公允价值的折现率

如果一项租赁在实质上没有转移与租赁资产所有权有关的全部风险和报酬，那么该项租赁应被认定为经营租赁。在经营租赁方式下，由于与租赁资产所有权有关的全部风险和报酬实质上并没有转移给承租企业，因此，承租企业不需承担该租赁资产的主要风险。这时的会计处理比较简单，不需将所取得的经营租赁固定资产的使用权资本化，相应地，也不必将所承担的付款义务列作负债。

【例4-6】经营租赁下的固定资产

2×15年1月1日，甲公司从乙租赁公司采用经营租赁方式租入一台办公设备，租赁期为3年。该办公设备价值1 000 000元，预计使用年限为10年。租赁合同约定：租赁期开始日为2×15年1月1日，甲公司预付租金150 000元，第1年年末支付租金150 000元，第2年年末支付租金200 000元，第3年年末支付租金250 000元；租赁期满，乙租赁公司收回办公设备，3年的租金总额为750 000元。假设甲公司在每年年末确认租金费用，并按时支付租金。

甲公司的账务处理如下。

（1）2×15年1月1日，支付租金：

借：长期待摊费用　　　　　　　　　　　　　　　150 000

　　贷：银行存款　　　　　　　　　　　　　　　　　150 000

（2）2×15 年 12 月 31 日，确认租金费用：

借：管理费用   250 000

    贷：长期待摊费用   50 000

        银行存款   200 000

（3）2×16 年 12 月 31 日，确认租金费用：

借：管理费用   250 000

    贷：长期待摊费用   50 000

        银行存款   200 000

（4）2×17 年 12 月 31 日，确认租金费用：

借：管理费用   250 000

    贷：银行存款   250 000

4.2.4 存在弃置费用的固定资产

对于特殊行业的特定固定资产，确定其初始入账成本时还应考虑弃置费用。弃置费用通常是指根据国家法律和行政法规、国际公约等的规定，企业承担的环境保护和生态恢复等义务所确定的支出，如核电站核设施等的弃置和恢复环境等义务。

对于这种特殊行业的特定固定资产，企业应当按照弃置费用的现值计入相关固定资产的成本。石油天然气开采企业应当按照油气资产的弃置费用现值计入相关油气资产的成本。在固定资产或油气资产的使用寿命内，按照预计负债的摊余成本和实际利率计算确定的利息费用，应当在发生时计入财务费用。

一般工商企业的固定资产发生的报废清理费用，不属于弃置费用，应当在发生时作为固定资产处置费用处理。

【例 4-7】存在弃置费用的固定资产

甲公司主要从事化工产品的生产和销售。2×16 年 12 月 31 日，甲公司一套化工产品生产线达到预定可使用状态并投入使用，预计使用寿命为 15 年。根据有关法律规定，甲公司在该生产线使用寿命届满时应对环境进行复原，预计将发生弃置费用 2 000 000 元。甲公司采用的折现率为 10%。甲公司与弃置费用有关的账务处理如下。

（1）2×16年12月31日，按弃置费用的现值计入固定资产原价：

弃置费用的现值 =2 000 000/（1+10%）^{15} ≈ 478 784.10（元）

借：固定资产　　　　　　　　　　　　　　478 784.10

　　贷：预计负债　　　　　　　　　　　　　　　　　　478 784.10

（2）2×17年12月31日～2×31年12月31日利息费用的计算见表4-12。

表 4-12　利息费用计算表

年度	利息费用	预计负债账面价值
	（1）=（2）×10%	（2）=上期（2）+（1）
2×16年		478 784.10
2×17年	47 878.41	526 662.51
2×18年	52 666.25	579 328.76
2×19年	57 932.88	637 261.64
2×20年	63 726.16	700 987.80
2×21年	70 098.78	771 086.58
2×22年	77 108.66	848 195.24
2×23年	84 819.52	933 014.76
2×24年	93 301.48	1 026 316.24
2×25年	102 631.62	1 128 947.86
2×26年	112 894.79	1 241 842.65
2×27年	124 184.26	1 366 026.91
2×28年	136 602.69	1 502 629.61
2×29年	150 262.96	1 652 892.57
2×30年	165 289.26	1 818 181.82
2×31年	181 818.18	2 000 000.00

2×17年12月31日，确认利息费用时的账务处理如下：

借：财务费用　　　　　　　　　　　　　　47 878.41

　　贷：预计负债　　　　　　　　　　　　　　　　　　47 878.41

2×18年～2×31年确认利息费用时的账务处理比照2×17年的相关账

务处理。固定资产的入账价值中，还应包括企业为取得固定资产而缴纳的契税、耕地占用税、车辆购置税等相关税费。企业购置计算机硬件所附带的、未单独计价的软件，应与所购置的计算机硬件一并作为固定资产管理。如涉及借款，还应考虑相关的借款费用资本化金额、外币借款折算差额等因素。

4.2.5　通过其他方式取得的固定资产

与通过其他方式取得的固定资产相关的规定见表 4-13。

表 4-13　其他方式取得的固定资产相关的规定

其他方式取得的固定资产	相关规定
投资者投入固定资产的成本	按照投资合同或协议约定的价值确定，但合同或协议约定价值不公允的除外
非货币性资产交换、债务重组等方式取得的固定资产的成本	分别按照"非货币性资产交换""债务重组"的有关规定确定

4.3　固定资产折旧

4.3.1　固定资产折旧的概念与类别

（一）固定资产折旧的相关概念

固定资产折旧的相关概念见表 4-14。

表 4-14　固定资产折旧的相关概念

固定资产折旧的相关概念	具体含义
固定资产折旧	在固定资产使用寿命内，按照确定的方法对应计折旧额进行系统分摊
使用寿命	企业使用固定资产的预计期间，或者该固定资产所能生产产品或提供劳务的数量
应计折旧额	应当计提折旧的固定资产的原价扣除其预计净残值后的金额

固定资产折旧的相关概念	具体含义
预计净残值	假定固定资产预计使用寿命已满并处于使用寿命终了时的预期状态，企业目前从该项固定资产处置中获得的扣除预计处置费用后的金额

需要注意的问题如下。

（1）造成折旧的原因有两种，一种叫有形损耗，另一种叫无形损耗。有形损耗就是自然磨损，而无形损耗是因为科技进步、客户喜好的变化等带来的。比如，计算机更新换代非常快，可能一台计算机两年后就已跟不上时代潮流了，并且因此而贬值。

（2）企业应当根据固定资产的性质和使用情况，合理确定固定资产的使用寿命和预计净残值。固定资产的使用寿命、预计净残值一经确定，不得随意变更。

（3）固定资产折旧的会计核算，实际上就是固定资产的成本在多个会计期间进行分摊的问题。这个问题的关键是在固定资产的使用年限内，每期摊多少，也就是把其价值在一个会计期间内分摊多少作为费用，计入成本。

（二）计算固定资产折旧时应考虑的要素

计算固定资产折旧时应当考虑的要素见表 4-15。

表 4-15 计算固定资产折旧时应当考虑的要素

计算固定资产折旧时应当考虑的四个要素	具体内容
计提折旧基数	计提固定资产折旧的基数是固定资产的原始价值或固定资产的账面净值。一般以固定资产的原值作为计提折旧的基数，选用双倍余额递减法的企业，以固定资产的账面净值作为计提折旧的基数
固定使用寿命	折旧年限长短直接关系到折旧率的高低。它是影响企业计提折旧额的关键因素。企业在确定固定资产的使用寿命时，主要考虑因素：①预计生产能力或实物产量；②预计有形损耗或无形损耗；③法律或者类似规定对固定资产使用的限制
折旧方法	企业采用不同的折旧方法，在一个会计期间所计提的折旧额相差很大

续表

计算固定资产折旧时应当考虑的四个要素	具体内容
固定资产净残值	固定资产净残值由预计固定资产清理报废时可以收回的残值扣除预计清理费用得出

（三）固定资产计提折旧的范围

1.计提折旧的固定资产

（1）房屋建筑物；

（2）在用的机器设备、食品仪表、运输车辆、工具器具；

（3）季节性停用及修理停用的设备；

（4）以经营租赁方式租出的固定资产和以融资租赁式租入的固定资产。

2.特殊情况

（1）对于达到预定可使用状态的固定资产，如果尚未办理竣工决算，则企业应当按照该固定资产的估计价值暂估入账，并计提折旧；待办理了竣工决算手续后，再按照实际成本调整原来的暂估价值，不需要调整原已计提的折旧额。当期计提的折旧作为当期的成本、费用处理。

（2）对于处于更新改造过程停止使用的固定资产，企业应将其账面价值转入在建工程，不再计提折旧。更新改造项目达到预定可使用状态转为固定资产后，再按照重新确定的折旧方法和该项固定资产尚可使用寿命计提折旧。

（3）对于因进行大修理而停用的固定资产，企业应当照提折旧，将计提的折旧额计入相关资产成本或当期损益。

不计提固定资产折旧的情况如表 4-16 所示。

表 4-16　不计提固定资产折旧的情况

不计提折旧的固定资产	已提足折旧仍继续使用的固定资产
	以前年度已经估价单独入账的土地
	提前报废的固定资产
	以经营租赁方式租入的固定资产和以融资租赁方式租出的固定资产

（四）计提固定资产折旧的起止时间

计提固定资产折旧的起止时间如表4-17所示。

表4-17　计提固定资产折旧的起止时间

计提固定资产折旧的起止时间	当月增加的固定资产，当月不计提折旧，从下月起计提折旧；当月减少的固定资产，当月仍然计提折旧，从下月起不再计提折旧
	已达到预定可使用状态但尚未办理竣工决算的固定资产，应当按照估计价值确定其成本，并计提折旧；待办理竣工决算后，再按实际成本调整原来的暂估价值，但不需要调整原已计提的折旧额
	提足折旧后，不论能否继续使用，均不再计提折旧；提前报废的固定资产，也不再补提折旧

需要注意的是，应计折旧额，是指应当计提折旧的固定资产的原价扣除其预计净残值后的金额。已计提减值准备的固定资产，还应当扣除已计提的固定资产减值准备累计金额。

4.3.2　固定资产折旧的计算方法

企业可以采用年限平均法、工作量法、双倍余额递减法、年数总和法等计提固定资产折旧。折旧方法一经确定，不得随意变动。如需变更，应当在会计报表附注中予以说明。

（一）年限平均法

年限平均法是指将固定资产的可折旧价值平均分摊于其可折旧年限内的一种方法。这种方法适用于在各个会计期间使用程度比较均衡的固定资产。计算公式为：

公式1：年折旧额＝（固定资产原值 － 预计净残值）÷ 预计使用年限

公式2：月折旧额＝年折旧额 ÷12

【例4-8】年限平均法下固定资产累计折旧的会计核算

北方建筑工程公司一台生产用设备的原值为30 000元，预计清理费为1 200元，而预计残值为3 000元，使用年限为4年。那么用平均年限法怎么算折旧额呢？

年折旧额 =[30 000 -(3 000 - 1 200)]÷4=(30 000 - 1 800)=7 050（元）

月折旧额 =7 050÷12=587.50（元）

此项折旧应计入"制造费用"，因为是生产用的，所以每期的分录如下：

借：制造费用　　　　　　　　　　　　　　　　　　587.50

　　贷：累计折旧　　　　　　　　　　　　　　　　　　　587.50

（二）工作量法

工作量法又称作业量法，是根据固定资产在使用期间完成的总的工作量平均计算折旧的一种方法。工作量法和平均年限法都是平均计算折旧的方法，都属直线法。计算公式为：

公式 1：单位工作量折旧额 =（固定资产原值 - 预计净残值）÷ 预计总工作量 =[固定资产原值 ×（1- 预计净残值率）÷ 预计总工作量

公式 2：月折旧额 = 单位工作量折旧额 × 当月实际完成工作量

在会计实务中，工作量法广泛应用于以下三种方式：第一种，按照工作小时计算折旧；第二种，按行驶里程计算折旧；第三种，按台班计算折旧。

【例 4-9】工作量法下固定资产累计折旧的会计核算 1

华光电器厂购置一台专用机床，价值 200 000 元，预计总工作小时数为 300 000 小时，预计净残值为 20 000 元，购置的当年便工作了 2 400 小时，则有：

每小时折旧额 =（200 000 - 20 000）÷ 300 000=0.6（元 / 小时）

当年的折旧额 =2 400×0.6=1 440（元）

工作量法实际上也是直线法。它把产量与成本相联系，也就是把收入与费用相配。于是华光电器厂在年末计提折旧时编制的会计分录如下：

借：制造费用　　　　　　　　　　　　　　　　　　1 440

　　贷：累计折旧　　　　　　　　　　　　　　　　　　　1 440

【例 4-10】工作量法下固定资产累计折旧的会计核算 2

A 公司有经理用的小汽车一辆，原值为 150 000 元，预计净残值率为 5%，预计总行驶里程为 600 000 千米，当月行驶里程为 3 000 千米。该项固定资产的月折旧额计算如下：

单位里程折旧额 =（150 000 - 150 000×5%）÷ 600 000=0.2 375（元 / 千米）

本月折旧额 =3 000×0.2375 元 =712.5（元）

因为这辆车是企业管理者作为管理用的，所以会计分录如下：

借：管理费用　　　　　　　　　　　　　　　　　　　712.50

　　贷：累计折旧　　　　　　　　　　　　　　　　　712.50

（三）双倍余额递减法

双倍余额递减法是加速折旧法的一种，是按直线法折旧率的两倍，乘以固定资产在每个会计期间的期初账面净值计算折旧的方法。在计算折旧率时通常不考虑固定资产残值。计算公式为：

公式1：年折旧率（双倍直线折旧率）=（2÷预计使用年限）×100%

公式2：年折旧额 = 期初固定资产的账面净值 × 双倍直线折旧率

在双倍余额递减法下，企业应注意的问题见表4-18。

表4-18　采用双倍余额递减法时，应注意的问题

采用双倍余额递减法时，应注意的问题	处理办法
由于每年的折旧额是递减的，因而可能出现某年按双倍余额递减法所提折旧额小于按直线法计提的折旧额	当这一情况在某一折旧年度出现时，应改变为按直线法计提折旧
各年计提折旧后，固定资产的账面净值不能小于其预计净残值	在可能出现此现象的那一年改变为直线法，即将当年年初的固定资产账面净值减去预计净残值，其差额在剩余的使用年限中平均摊销。但在实际工作中，企业一般采用简化的办法，在固定资产预计耐用年限到期前两年改变为直线法

【例4-11】双倍余额递减法法下固定资产累计折旧的会计核算

A公司购入一部自动化生产线，安装完毕后，固定资产原值为200 000元，预计使用年限为5年，预计净残值收入8 000元。该生产线按双倍余额递减法计算各年的折旧额：

双倍直线折旧率 =2÷5×100% =40%

第一年应提折旧 =200 000×40% =80 000（元）

第二年应提折旧 =（200 000 - 80 000）×40% =48 000（元）

第三年应提折旧 =（120 000 - 48 000）×40% =72 000×40% =28 800（元）

第四年应提折旧 =（200 000 - 80 000 - 48 000 - 28 800 - 8 000）÷2=17 600（元）

第五年应提折旧 =（200 000 - 80 000 - 48 000 - 28 800 - 8 000）÷2=17 600（元）

可以看出折旧率 40% 是固定不变的。而每一期的期初账面余额是上一期的期末账面余额，每一期的折旧额都是递减的，但累计折旧总额却在增加。等到使用期的最后两年时，把此时的固定资产的账面价值减去预估的残值，再进行均分便是最后两年每一年的折旧额。

（四）年数总和法

年数总和法是以固定资产的原值减去预计净残值后的净额为基数，以一个逐年递减的分数为折旧率，计算各年固定资产折旧额的一种折旧方法。

年数总和法的各年折旧率，是以固定资产尚可使用年限作分子，以固定资产使用年限的逐年数字之和作分母。假定固定资产使用年限为 n 年，分母即为 $1+2+3+\cdots+n=n（n+1）\div 2$。计算公式为：

公式 1：年折旧率 ＝ 尚可使用年限 ÷ 预计使用年限的逐年数字总和

公式 2：年折旧额 ＝（固定资产原值 － 预计净残值）× 年折旧率

公式 3：月折旧额 ＝（固定资产原值 － 预计净残值）× 月折旧率

【例 4-12】年数总和法下固定资产累计折旧的会计核算

韵美公司拥有一台小型机床。该设备的原值为 50 000 元，预计使用年限为 5 年，预计净残值为 2 000 元。分别用三种方法计提折旧，见表 4-19。

表 4-19　三种折旧计提方法的比较

单位：元

年份	比较项目	直线法	双倍余额递减法	年数总和法
第 1 年	当年折旧基数	48 000	50 000	48 000
	年折旧率	1÷5×100%=20%	2÷5×100%=40%	5÷（1+2+3+4+5）
	折旧额	9 600	20 000	16 000
第 2 年	当年折旧基数	48 000	30 000	48 000
	年折旧率	1÷5×100%=20%	2÷5×100%=40%	4÷（1+2+3+4+5）
	折旧额	9 600	12 000	12 800
第 3 年	当年折旧基数	48 000	18 000	48 000
	年折旧率	1÷5×100%=20%	2÷5×100%=40%	3÷（1+2+3+4+5）
	折旧额	9 600	7 200	9 600

年份	比较项目	直线法	双倍余额递减法	年数总和法
第 4 年	当年折旧基数	48 000	8 800	48 000
	年折旧率	$1 \div 5 \times 100\% = 20\%$	50%	$2 \div (1+2+3+4+5)$
	折旧额	9 600	4 400	6 400
第 5 年	当年折旧基数	48 000	8 800	48 000
	年折旧率	$1 \div 5 \times 100\% = 20\%$	50%	$1 \div (1+2+3+4+5)$
	折旧额	9 600	4 400	3 200

需要注意的是，双倍余额递减法计算折旧，初期不考虑净残值，在最后2年才涉及净残值，且平摊剩余的。

（1）直线法折旧，折旧额每年都相等。其余两种方法，双倍余额递减法是折旧率不变，余额递减，相乘后得出递减的折旧额；而年数总和法是用递减的折旧率乘以固定的基数，也得出递减的折旧额。

（2）双倍余额递减法，在使用的最后2年，用原值减去累计折旧再减去净残值后的额，分别平摊在最后2年，最后两年不涉及折旧率的问题。

（3）5年后，每种方法的账面都会剩余净残值2 000元。

4.4　固定资产的后续支出

固定资产后续支出，是指固定资产在使用过程中发生的更新改造支出、修理费用等。企业的固定资产投入使用后，为了适应新技术发展的需要，或者为维护或提高固定资产的使用效能，往往需要对现有固定资产进行维护、改建、扩建或者改良。

4.4.1　资本化的后续支出

企业将固定资产进行更新改造的，如符合资产化的条件，应将固定资产的原价、已计提的累计折旧和减值准备转销，将其账面价值转入在建工程，并停止计提折旧。固定资产发生的可量化的后续支出，通过"在建工程"科目核算。待更新改造等工程完工并达到预定可使用状态时，再从在建工程转为固定资产，并按重新确定的使用寿命、预计净残值和折旧方法计提折旧。

【例 4-13】固定资产的资本化后续支出 1

北方建筑工程公司是一家从事金属产品制造的企业，2×14 年新建一条不锈钢器材生产线，有关的会计资料如下。

（1）2×14 年 12 月，该公司自行建成了一条不锈钢器材生产线并投入使用，建造成本为 568 000 元；采用年限平均法计提折旧；预计净残值率为固定资产原价的 3%，预计使用年限为 6 年。

（2）2×17 年 1 月 1 日，由于生产的产品适销对路，现有生产线的生产能力已难以满足公司生产发展的需要，但若新建生产线成本过高、周期过长，于是该公司决定对现有生产线进行改扩建，以提高其生产能力。

（3）2×17 年 1 月 1 日 ~ 3 月 31 日，经过 3 个月的改扩建，完成了对该不锈钢器材生产线的改扩建工程，共发生支出 268 900 元，全部以银行存款支付。

（4）该生产线改扩建工程达到预定可使用状态后，大大提高了生产能力，预计尚可使用年限为 7 年 9 个月。假定改扩建后的生产线的预计净残值率为改扩建后固定资产账面价值的 3%；折旧方法仍为年限平均法。

（5）为简化计算，不考虑其他相关税费，公司按年度计提固定资产折旧。

该公司的账务处理如下。

（1）2×14 年 1 月 1 日 ~ 2×15 年 12 月 31 日，即固定资产后续支出发生前，该条生产线的应计折旧额为 550 960[568 000×（1 - 3%）]元，年折旧额为 91 826.67（550 960÷6）元，因此各年计提固定资产折旧时的账务处理为：

借：制造费用 91 826.67
　贷：累计折旧 91 826.67

（2）2×17 年 1 月 1 日，该生产线的账面价值为 384 346.66[568 000 - （91 826.67×2）]元，该生产线转入改扩建时的账务处理为：

借：在建工程 384 346.66
　累计折旧 183 653.34

　　　　贷：固定资产——生产线　　　　　　　　　　　　568 000.00

　　（3）2×17年1月1日～3月31日，发生固定资产后续支出时的账务处理为：

　　借：在建工程　　　　　　　　　　　　　　　　　　268 900

　　　　贷：银行存款　　　　　　　　　　　　　　　　　268 900

　　（4）2×17年3月31日，生产线改扩建工程达到预定可使用状态，将后续支出全部资本化后的生产线账面价值为653 246.66（384 364.66+268 900）元，其账务处理为：

　　借：固定资产——生产线　　　　　　　　　　　　　653 246.66

　　　　贷：在建工程　　　　　　　　　　　　　　　　　653 246.66

　　（5）2×17年3月31日，生产线改扩建工程达到预定可使用状态后，其每年应计提的折旧额为81 761.19元，每年计提固定资产折旧的账务处理为：

　　每年应计提的折旧额 =[653 246.66×（1-3%）÷（7×12+9）×12]=81 761.19（元）

　　借：制造费用　　　　　　　　　　　　　　　　　　81 761.19

　　　　贷：累计折旧　　　　　　　　　　　　　　　　　81 761.19

　　在发生可资本化的固定资产后续支出时，可能涉及替换固定资产的某个组成部分。如果满足固定资产的确认条件，应当将用于替换的部分资本化，计入固定资产账面价值，同时终止确认被替换部分的账面价值，以避免将替换部分的成本和被替换部分的账面价值同时计入固定资产成本。在实务中，如果企业不能确定被替换部分的账面价值，可将替换部分的成本视为被替换部分的账面价值。

【例4-14】固定资产的资本化后续支出2

　　2×10年12月，甲公司采用出包方式建造的营业厅达到预定可使用状态投入使用，并结转固定资产成本1 800 000元。该营业厅内有一部电梯，成本为200 000元，未单独确认为固定资产。2×19年1月，为吸引顾客，甲公司决定更换一部观光电梯。支付的购买新电梯的价款为320 000元（含增值税税额，适用的增值税税率为13%），另发生安装费用31 000元，以银行存款支付；旧电梯的回收价格为100 000元，款项尚未收到。假定营业厅的年折旧率为3%，净残值率为3%。

　　甲公司的账务处理如下。

　　（1）2×19年1月，购入观光电梯一部：

　　借：工程物资　　　　　　　　　　　　　　　　　　320 000

贷：银行存款	320 000

（2）2×19 年 1 月，将营业厅的账面价值转入在建工程：

营业厅的累计折旧金额 =1 800 000×（1 - 3%）×3%×8=419 040（元）

借：在建工程	1 380 960
累计折旧	419 040
贷：固定资产	1 800 000

（3）2×19 年 1 月，转销旧电梯的账面价值：

旧电梯的账面价值 =200 000 - 200 000÷1 800 000×419 040=153 440（元）

借：其他应收款	100 000
营业外支出	53 440
贷：在建工程	153 440

（4）2×19 年 1 月，安装新电梯：

借：在建工程	351 000
贷：工程物资	320 000
银行存款	31 000

（5）电梯安装完毕达到预定可使用状态投入使用：

应结转固定资产金额 =1 380 960−153 440+351 000=1 578 820（元）

借：固定资产	1 578 520
贷：在建工程	1 578 520

4.4.2 费用化的后续支出

一般情况下，固定资产投入使用之后，由于固定资产磨损、各组成部分耐用程度不同，可能会导致固定资产的局部损坏。为了维持固定资产的正常运转和使用，充分发挥其使用效能，企业会对固定资产进行必要的维护。固定资产的日常维护支出只是确保固定资产的正常工作状况，通常不满足固定资产的确认条件，应在发生时计入管理费用或销售费用，不得采用预提或待摊方式处理。

【例 4-15】固定资产的费用化后续支出 1

2×19 年 1 月 23 日，甲公司对某办公楼进行修理，修理过程中领用原材料一批，价值为 120 000 元，增值税税率为 13%，为购买该批原材料支付的增值税进项税额为 15 600 元；应支付维修人员薪酬为 43 320 元。

甲公司的账务处理如下：

借：管理费用 178 920

　　贷：原材料 120 000

　　　　应交税费——应交增值税（进项税额转出） 15 600

　　　　应付职工薪酬 43 320

与固定资产有关的各项后续支出的处理方法见表 4-20。

表 4-20 与固定资产有关的各项后续支出的处理方法

固定资产发生的各项后续支出	通常的处理
固定资产修理费用	直接计入当期费用
固定资产改良支出	计入固定资产账面价值
固定资产修理、改良及其结合	企业应当判断与固定资产有关的后续支出是否满足固定资产的确认条件。如果该后续支出满足了固定资产的确认条件，则该后续支出应当计入固定资产账面价值；否则，后续支出应当确认为当期费用
固定资产装修费用	满足固定资产的确认条件，装修费用应当计入固定资产的账面价值，并在"固定资产"科目下单设"固定资产装修"明细科目进行核算，在两次装修间隔期间与固定资产尚可使用年限两者中较短的期间内，采用合理的方法单独计提折旧。在下次装修时，与该项固定资产相关的"固定资产装修"明细科目仍有账面价值的，应将该账面价值一次全部计入当期营业外支出

需要注意的问题如下。

（1）融资租入的固定资产发生的后续支出，比照上述原则处理。发生的固定资产装修费用等，满足固定资产确认条件的，应在两次装修间隔期间、剩余租赁期与固定资产尚可使用年限三者中较短的期间内，采用合理的方法单独计提折旧。

（2）经营租入固定资产发生的改良支出，应通过"长期待摊费用"科目核算，并在剩余租赁期与租赁资产尚可使用年限两者中较短的期间内，采用合理的方法进行摊销。

【例 4-16】固定资产的费用化后续支出 2

1. 2×19 年 1 月 25 日，甲公司对所属一家商场进行装修，发生如下有关支出：领用生产用原材料 40 000 元，增值税税率为 13%，购进该批原材料时支付的增值税进项税额为 5 200 元；辅助生产车间为商场装修工程提供的劳务支出为 14 660 元；发生有关人员薪酬 29 640 元。2×19 年 12 月 26 日，商场装修完工，达到预定可使用状态交付使用，甲公司预计下次装修时间为 2×23 年 12 月。2×22 年 12 月 31 日，甲公司决定对该商场重新进行装修。假定该商场的装修支出符合固定资产确认条件；该商场预计尚可使用年限为 6 年；装修形成的固定资产预计净残值为 1 100 元；采用直线法计提折旧；不考虑其他因素。

甲公司的账务处理如下。

（1）装修领用原材料：

借：在建工程   45 200

    贷：原材料   40 000

        应交税费——应交增值税（进项税额转出）   5 200

（2）辅助生产车间为装修工程提供劳务：

借：在建工程   14 660

    贷：生产成本——辅助生产成本   14 660

（3）发生工程人员薪酬：

借：在建工程   29 640

    贷：应付职工薪酬   29 640

（4）装修工程达到预定可使用状态交付使用：

借：固定资产——固定资产装修   89 500

    贷：在建工程   89 500

（5）2×20 年度计提装修形成的固定资产折旧：

因下次装修时间为 2×23 年 12 月，大于固定资产预计尚可使用年限 6 年，因此，应按固定资产预计尚可使用年限 6 年计提折旧。

累计折旧 =（89 500-1 100）÷6=15 000（元）

借：管理费用   15 000

    贷：累计折旧   15 000

（6）2×22 年 12 月 31 日，重新装修：

借：营业外支出   46 100

　　累计折旧   45 000

　　贷：固定资产——固定资产装修   91 100

2. 2×19年8月20日，甲公司对采用经营租赁方式租入的一条生产线进行改良，发生如下有关支出：领用生产用原材料24 000元，增值税税率为13%，购进该批原材料时支付的增值税进项税额为3 120元；辅助生产车间为生产线改良提供的劳务支出为2 560元；发生有关人员薪酬54 720元。2×19年12月31日，生产线改良工程完工，达到预定可使用状态交付使用。假定该生产线预计尚可使用年限为6年，剩余租赁期为5年；采用直线法进行摊销；不考虑其他因素。

甲公司的账务处理如下。

（1）改良工程领用原材料：

借：在建工程   27 120

　　贷：原材料   24 000

　　　　应交税费——应交增值税（进项税额转出）   3 120

（2）辅助生产车间为改良工程提供劳务：

借：在建工程   2 560

　　贷：生产成本——辅助生产成本   2 560

（3）发生工程人员薪酬：

借：在建工程   54 720

　　贷：应付职工薪酬   54 720

（4）改良工程达到预定可使用状态交付使用：

借：长期待摊使用   84 400

　　贷：在建工程   84 400

（5）2×20年度进行摊销：

因生产线预计尚可使用年限为6年，剩余租赁期为5年，因此，应按剩余租赁期5年进行摊销。长期待摊费用 =84 400÷5=16 880（元）

借：制造费用   16 880

　　贷：长期待摊费用   16 880

【例4-17】固定资产的费用化后续支出3

乙公司是一家在上海证券交易所发行股票的企业，其主要从事金属产品的制造业务，属于增值税一般纳税企业，适用的增值税税率为 13%。有关业务资料如下。

（1）2×19 年 12 月 1 日，乙公司购入一条需要安装的生产线，取得的增值税专用发票上注明的生产线价款为 11 700 000 元，增值税税率为 13%，增值税税额为 1 521 000 元；发生保险费 25 000 元，款项均以银行存款支付；没有发生其他相关税费。

（2）2×19 年 12 月 1 日，乙公司开始以自营方式安装该生产线。安装期间领用生产用原材料的实际成本和计税价格均为 100 000 元，发生安装工人薪酬 50 000 元，没有发生其他相关税费。该原材料没有计提存货跌价准备。

（3）2×19 年 12 月 31 日，该生产线达到预定可使用状态，当日投入使用。该生产线预计使用年限为 6 年，预计净残值为 132 000 元，采用直线法计提折旧。

（4）2×20 年 12 月 31 日，乙公司在对该生产线进行检查时发现其已经发生减值，可收回金额为 8 075 600 元。

（5）2×20 年 1 月 1 日，该生产线预计尚可使用年限为 5 年，预计净残值为 125 600 元，采用直线法计提折旧。

（6）2×21 年 6 月 30 日，乙公司采用出包方式对该生产线进行改良。当日，该生产线停止使用，开始进行改良。在改良过程中，乙公司以银行存款支付工程总价款 1 221 400 元。

（7）2×21 年 8 月 20 日，改良工程完工验收合格并于当日投入使用，预计尚可使用年限为 8 年，预计净残值为 102 000 元，采用直线法计提折旧。2×21 年 12 月 31 日，该生产线未发生减值。

乙公司的账务处理如下。

（1）2×19 年 12 月 1 日，购入生产线：

借：在建工程	11 725 000
应交税费——应交增值税（进项税额）	1 521 000
贷：银行存款	13 246 000

（2）2×19 年 12 月，安装该生产线：

借：在建工程	163 000
贷：原材料	100 000
应交税费——应交增值税（销项税额）	13 000
应付职工薪酬	50 000

（3）2×19年12月31日，生产线达到预定可使用状态投入使用：

借：固定资产 11 888 000

贷：在建工程 11 888 000

（4）2×20年度计提折旧：

生产线2×20年度折旧额＝（11 888 000－132 000）÷6＝1959 333（元）

借：制造费用 1 959 333

贷：累计折旧 1 959 333

（5）2×20年12月31日，确认减值损失：

生产线应确认的减值损失＝（11 888 000－1 959 333）－8 075 600＝1 853 067（元）

借：资产减值损失 1 853 067

贷：固定资产减值准备 1 853 067

（6）2×21年上半年计提折旧：

2×21年上半年折旧额＝（8 075 600－125 600）÷5÷2＝795 000（元）

借：制造费用 795 000

贷：累计折旧 795 000

（7）2×17年6月30日，将生产线进行改良：

借：在建工程 7 280 600

　　累计折旧 2 754 333

　　固定资产减值准备 1 853 067

　　贷：固定资产 11 888 000

借：在建工程 1 221 400

　　贷：银行存款 1 221 400

（8）2×17年8月20日，改良工程完工达到预定可使用状态并投入使用：

借：固定资产 8 502 000

贷：在建工程 8 502 000

（9）2×17年生产线改良后计提折旧：

2×17年生产线改良后折旧额＝（8 502 000－102 000）÷8×4÷12＝350 000（元）

借：制造费用 350 000

贷：累计折旧 350 000

4.5　固定资产的处置

4.5.1　固定资产终止确认的条件

固定资产处置，包括固定资产的出售、转让、报废和毁损、对外投资、非货币性资产交换、债务重组等。固定资产终止确认的条件见表 4-21。

表 4-21　固定资产终止确认的条件

固定资产终止确认的条件（任一即可）	该固定资产处于闲置状态
	该固定资产预期通过使用或处置不能产生经济利益

4.5.2　处置固定资产时的会计处理

企业出售、转让、报废固定资产或发生固定资产毁损，应当将处置收入扣除账面价值和相关税费后的金额计入当期损益。固定资产的账面价值是固定资产成本扣减累计折旧和累计减值准备后的金额。固定资产处置一般通过"固定资产清理"科目进行核算。

（一）固定资产出售、报废或毁损时的会计处理

固定资产出售、报废或毁损时的会计处理见表 4-22。

表 4-22　固定资产出售、报废或毁损时的会计处理

会计业务	相关会计处理
出售、报废和毁损等原因减少的固定资产	按减少的固定资产账面价值，借记"固定资产清理"；按已提折旧，借记"累计折旧"；按已计提的减值准备，借记"固定资产减值准备"；按固定资产原价，贷记"固定资产"
清理过程中发生的费用以及应交的税金	借记"固定资产清理"，贷记"银行存款""应交税费——应交营业税"
收回出售固定资产的价款、毁损报废取得的残料价值和变价收入	借记"银行存款""原材料"等，贷记"固定资产清理"
由保险公司或过失人赔偿的损失	借记"其他应收款"等，贷记"固定资产清理"

固定资产清理后的净收益的会计处理见表 4-23。

表 4-23　固定资产清理后的净损益的会计处理

固定资产清理后净收益的时间	会计处理
属于筹建期间	冲减长期待摊费用，借记"固定资产清理"，贷记"长期待摊费用"
属于生产经营期间	计入当期损益，借记"固定资产清理"，贷记"营业外收入——固定资产净收益"
固定资产清理后净损失的时间	会计处理
属于筹建期间	计入长期待摊费用，借记"长期待摊费用"，贷记"固定资产清理"
属于生产经营期间由于自然灾害等非正常原因造成的损失	借记"营业外支出——非常损失"，贷记"固定资产清理"
属于生产经营期间正常的损失处理（已丧失使用功能正产报废）属于正常出售、转让所产生	借记"营业外支出——非流动资产报废"，贷记"固定资产清理" 借记"资产处置损益"，贷记"固定资产清理"

【例 4-18】处置固定资产时的会计核算

北方建筑工程公司出售一幢闲置厂房。该房屋的账面原始价值为 200 000 元，已提折旧 110 000 元。该公司取得出售价款 110 000 元；采用简易计税方法，税率为 5%，应交增值税 5 500 元。该厂房已计提减值准备 10 000 元，有关会计处理如下。

（1）注销出售固定资产价值：

借：固定资产清理		80 000
累计折旧		110 000
固定资产减值准备		10 000
贷：固定资产		200 000

（2）取得清理收入：

借：银行存款		110 000
贷：固定资产清理		110 000

（3）应交增值税：

借：固定资产清理		5 500
贷：应交税费——应交增值税		5 500

（4）结转清理净收益：

借：固定资产清理　　　　　　　　　　　　　　　　24 500

　　贷：资产处置损益　　　　　　　　　　　　　　　　24 500

（二）其他方式减少的固定资产

企业持有待售的固定资产，应当调整其预计净残值，使预计净残值能够反映其公允价值减去处置费用后的金额，但不得超过其账面价值。原账面价值高于预计净残值的差额，应作为资产减值损失计入当期损益。持有待售固定资产从划归为持有待售之日起停止计提折旧和减值准备。

其他方式减少的固定资产，如以固定资产清偿债务、投资转出固定资产、以非货币性资产交换换出固定资产等，分别按照债务重组、非货币性资产交换等的处理原则进行核算。

4.6　固定资产清查

为了保证固定资产核算的真实性，企业应定期或者至少于每年年末对固定资产进行清查盘点，以保证固定资产核算的真实性，充分挖掘企业现有固定资产的潜力。在固定资产清查过程中，如果发现盘盈、盘亏的固定资产，相关人员应填制固定资产盘盈盘亏报告表，并及时查明原因，按照规定程序报批处理。

对于盘盈、盘亏的固定资产，在审批之前，企业应调整固定资产的账面价值，将相关固定资产作为企业的待处理财产损溢；在报经有关部门审批之后，企业应将相关固定资产作为营业外收支处理。为此，盘盈、盘亏的固定资产应通过"待处理财产损溢"科目所属"待处理固定资产损溢"二级科目进行核算。期末，对于尚未审批的盘盈、盘亏的固定资产，企业应进行处理。如果审批数与处理数不一致，再进行调整。

4.6.1　固定资产的盘盈

企业应将在财产清查中盘盈的固定资产，作为前期差错处理。企业在财产清查中盘盈的固定资产，在按管理权限报经批准处理前应先通过"以前年度损益调整"科目核算。盘盈的固定资产，应按重置成本确定其入账价值，借记"固定资产"科目，贷记"以前年度损益调整"科目。

【例 4-19】固定资产盘盈时的会计核算

2×17 年 1 月 20 日，丁公司在财产清查过程中，发现 2×16 年 12 月购入的一台设备尚未入账。该设备的重置成本为 30 000 元（假定与其计税基础不存在差异）。根据《企业会计准则第 28 号——会计政策、会计估计变更和差错更正》的规定，丁公司将该盘盈固定资产作为前期差错进行处理。假定丁公司按净利润的 10% 计提法定盈余公积，不考虑相关税费及其他因素的影响。丁公司应编制如下会计分录：

借：固定资产　　　　　　　　　　　　　　　　　　　　30 000

　　贷：以前年度损益调整　　　　　　　　　　　　　　　　　30 000

4.6.2　固定资产的盘亏

在固定资产清查过程中发现盘亏的固定资产时，企业应根据该固定资产的账面价值借记"待处理财产损溢"科目，根据已提折旧借记"累计折旧"科目，根据原值贷记"固定资产"科目；待有关部门审批之后，应借记"营业外支出"科目，贷记"待处理财产损溢"科目。

【例 4-20】固定资产盘亏时的会计核算

北方建筑公司于 2×17 年 9 月 22 日进行了一次资产清查，清查之后发现盘亏一台原值为 50 000 元的设备，经查账发现此台设备已提折旧为 24 000 元。相应的会计分录为：

借：待处理财产损溢　　　　　　　　　　　　　　　　　26 000

　　累计折旧　　　　　　　　　　　　　　　　　　　　24 000

　　贷：固定资产　　　　　　　　　　　　　　　　　　　　50 000

上报上级主管部门后被批准转入"营业外支出"：

借：营业外支出　　　　　　　　　　　　　　　　　　　26 000

　　贷：待处理财产损溢　　　　　　　　　　　　　　　　　26 000

4.6.3 固定资产的减值

固定资产在资产负债表日存在可能发生减值的迹象时，其可收回金额低于账面价值的，企业应当将该固定资产的账面价值减计至可收回金额，减计的金额确认为减值损失，计入当期损益，同时计提相应的资产减值准备，借记"资产减值损失——计提的固定资产减值准备"科目，贷记"固定资产减值准备"科目。固定资产减值损失一经确认，在以后会计期间不得转回。

【例 4-21】计提固定资产减值准备

2×17 年 12 月 31 日，丁公司的某生产线存在可能发生减值的迹象。经计算，该机器的可收回金额合计为 1 230 000 元，账面价值为 1 400 000 元，以前年度曾对该生产线计提过减值准备。

由于该生产线的可收回金额为 1 230 000 元，账面价值为 1 400 000 元，可收回金额低于账面价值，因此，丁公司应按两者之间的差额 170 000（1 400 000 - 1 230 000）元计提固定资产减值准备。丁公司的会计处理如下：

借：资产减值损失——计提的固定资产减值准备　　　　　　　170 000

　　贷：固定资产减值准备　　　　　　　　　　　　　　　　　　170 000

第5章
归集分配是关键——成本费用的会计核算

5.1　成本费用的概述

本节的主要内容是施工企业会计核算的重要组成部分，即工程成本和期间费用的核算。成本费用的正确核算，可以综合反映施工企业的劳务消耗，提高企业的经营效率，进而增加企业的利润。施工企业在其存续期间内，为了进行施工生产而发生的各种耗费，可以被笼统地称为施工成本费用。在施工企业的会计核算实务中，为了准确核算每一个施工项目的成本耗费，以比较各种工程项目的经济效益，往往需要把与生产有直接关系的生产费用，以各个单项工程为对象，按一定的方法进行归集，构成各项工程的工程成本。

5.1.1　工程成本的基本概念和分类

施工企业工程成本的会计核算，就是对在一定时期内的支出的归集、分配、再归集、再分配。工程成本的概念与分类见表5-1。

表 5-1　工程成本的概念与分类

工程成本的概念	工程成本的分类		
施工企业为进行某一项工程的施工所发生的直接人工、直接材料、机械使用费、其他直接费和间接费用的总和，构成了施工企业的工程成本。施工企业在施工过程中，一方面生产出建筑产品，另一方面消耗一定数量的人力、物力和财力。这些消耗的货币表现，即为施工费用。也就是说，施工费用是指施工企业在生产经营过程中发生的各种耗费，包括工程成本和期间费用两部分。 一般而言，工程成本是依据配比性原则，可以和某一项工程的施工收入相联系配比的，而期间费用很难和某一项工程的施工收入相联系配比，它作为施工企业整体的支出，作为企业当期的一项成本耗费，从当期的总收入中扣除	根据建筑安装工程的特点和工程成本管理的要求划分		
	工程预算成本	工程计划成本	工程实际成本
	指施工企业根据施工图纸设计确定的建筑安装工程实物量和国家或地区制定的预算定额、预算单价以及有关收费标准计算确定的工程成本	指施工企业以工程预算为基础，根据确定的一定时期降低成本的目标，结合工程实际情况，在充分考虑可以达到的实际能力前提下，计算得出的工程成本	指施工企业为了完成特定的建筑安装工程任务，按照确定的工程成本核算对象和成本项目归集的实际成本

5.1.2　工程成本项目的内容

建筑安装工程成本，是施工企业在生产经营过程中，为完成一定数量的建筑工程和安装工程所发生的费用总和。它是全面反映经营管理工作质量的一个综合指标。

建筑承包商建造工程合同成本应当包括从合同签订开始至合同完成止所发生的、与执行合同有关的直接费用和间接费用。建造工程合同成本在施工企业通常称为建筑安装工程成本。工程成本项目的内容如图 5-1 所示。

材料费 → 材料费是指预算定额中构成工程实体的原材料、构配件和半成品、辅助材料以及周转材料的摊销及租赁费用

人工费 → 人工费指列入预算定额中从事工程施工人员的工资、奖金、工资附加费以及工资性质的津贴、劳动保护费等

直接费用

机械使用费 → 机械使用费是指预算定额内容，在施工过程中使用自有施工机械所发生的机械使用费和租用外单位施工机械的租赁费及安装、拆卸及进出场费

其他直接费用 → 其他直接费用是指直接费以外的施工过程中发生的其他费用。同材料费、人工费、机械使用费相比，其他直接费用具有较大弹性。就具体单项资产（单位工程）来讲，可能发生，也可能不发生，需要根据现场具体施工条件加以确定。具体包括设计有关的技术援助费用、施工现场材料的二次搬运费、生产工具和用具使用费、检验试验费、工程定位复测费、工程点交费用、场地清理费用等其他直接费用

工程成本

间接费用 → 间接成本是指直接从事施工的单位为组织管理在施工过程中所发生的各项支出。包括施工单位管理人中的工资、奖金、津贴、职工福利费行政管理费、固定资产折旧及修理费、物资消耗、低值易耗品摊销、管理用的水电费、办公费、差旅费、检验费、工程保修费、劳动保护费及其他费用

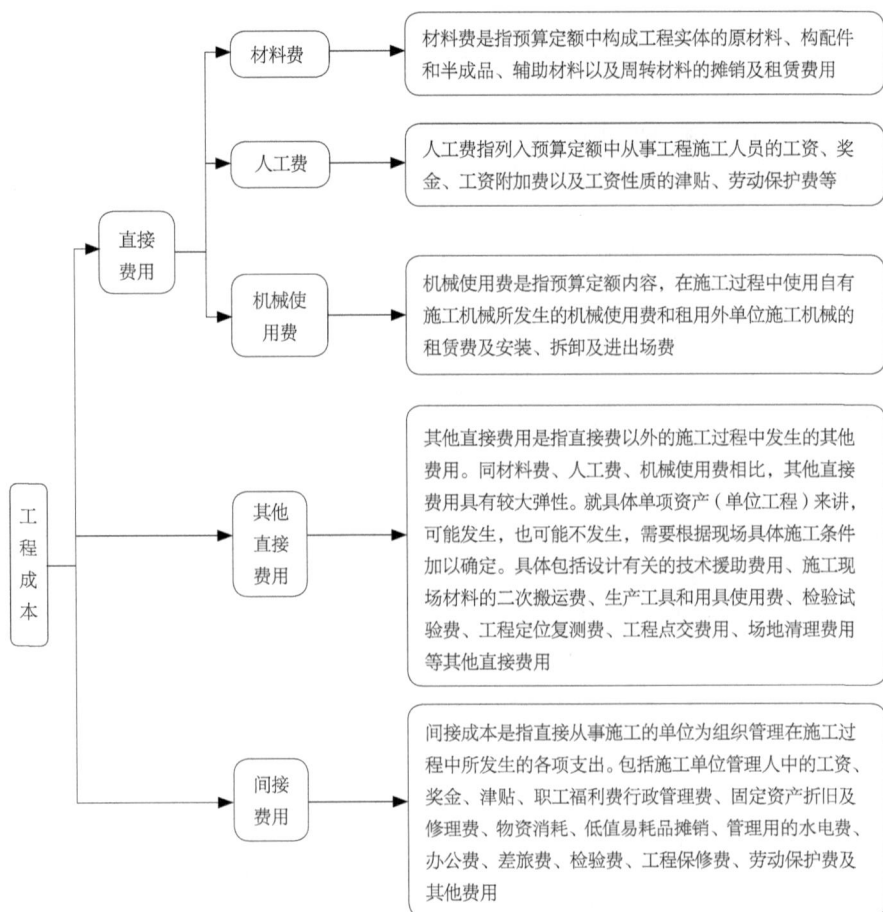

图 5-1　工程成本项目的内容

间接费用应当在期末按照合理的方法分摊计入合同成本，与合同有关的零星收益，如合同完成后处置残余物资取得的收益，应当冲减合同成本。

5.1.3　工程成本核算的重要作用

工程成本按其经济实质来说，是工程价值的重要组成部分。工程成本的高低，直接体现着企业工程价款中用于生产耗费补偿数额的大小。在完成的施工工程量不变的情况下，工程成本越低，用于生产耗费补偿的数额就越小，企业的盈利也就越多；反之，企业的盈利就少，甚至连简单再生产也难以维持。

因此，节约耗费，降低工程成本，是增加企业利润，提高经济效益，实现企业扩大再生产的重要途径，也是在工程项目实行招标承包制下，增加企业竞争能力的关键。

工程成本核算是建筑工程成本管理的基础，是进行成本预测、成本决策、成本计划、成本控制、成本分析、成本考核各项工作主要的信息源，同时也是企业进行成本控制的重要实施手段。工程成本核算的意义如图 5-2 所示。

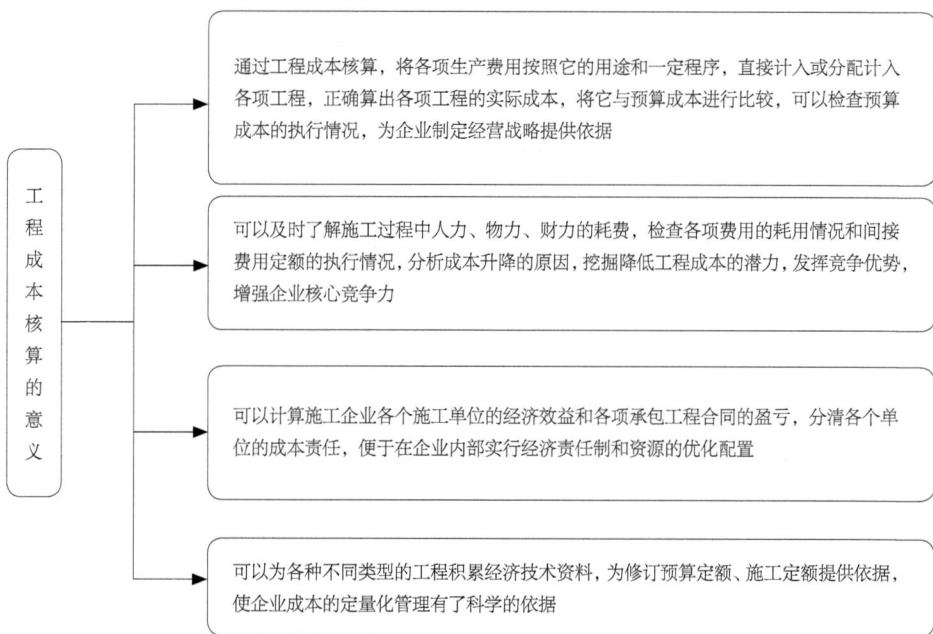

通过工程成本核算，将各项生产费用按照它的用途和一定程序，直接计入或分配计入各项工程，正确算出各项工程的实际成本，将它与预算成本进行比较，可以检查预算成本的执行情况，为企业制定经营战略提供依据

可以及时了解施工过程中人力、物力、财力的耗费，检查各项费用的耗用情况和间接费用定额的执行情况，分析成本升降的原因，挖掘降低工程成本的潜力，发挥竞争优势，增强企业核心竞争力

可以计算施工企业各个施工单位的经济效益和各项承包工程合同的盈亏，分清各个单位的成本责任，便于在企业内部实行经济责任制和资源的优化配置

可以为各种不同类型的工程积累经济技术资料，为修订预算定额、施工定额提供依据，使企业成本的定量化管理有了科学的依据

图 5-2　工程成本核算的意义

由此可见，工程成本既是一个价值范畴，又是一个反映企业经济效益的综合性指标。正确地组织工程成本核算，科学地计算和确定工程成本，对于促进企业加强经济核算，改善经济管理，进行经济预测和参与经济决策等都有着十分重要的作用。

5.1.4　工程成本核算的基本要求

（一）严格遵守国家规定的工程成本开支范围与标准

一切与生产经营有关的各项耗费，都应计入企业的成本费用。凡不属于上述成本的开支，均不得计入成本。在审核过程中，对于符合国家财经制度和企业计划、定额，以及有利于企业发展生产的费用开支，要积极支持；否则就要坚决抵制。

企业应按规定的成本项目，汇集生产经营过程中发生的各项支出。因此，企业要通过成本核算加强成本管理，应在成本发生之前就加强审核和控制，严格遵守成本费用开支范围，正确组织成本费用核算。

建筑工程成本项目包括人工费、材料费、机械使用费、其他直接费和间接费用；管理费用、财务费用单独核算，直接从当期收益中扣除，不计入施工成本。

（二）正确划分各种费用的界限

1. 正确划分资本性支出与收益性支出的界限

凡支出的效益涉及几个会计年度的，应作为资本性支出，如固定资产的购建和购入无形资产均属于资本性支出，应作增加资产处理，在以后使用过程中再逐渐通过折旧和摊销方式计入成本。凡支出的效益仅涉及本年度的，应作为收益性支出，如各种直接费用、间接费用及期间费用均属收益性支出。直接费用与间接费用构成企业生产经营成本，期间费用不计入成本，单独核算。二者的支出全部由当期收益抵偿。企业要严格划分资本性支出与收益性支出的界限，坚决杜绝将资本性支出列为收益性支出的做法。

2. 正确划分生产费用及期间费用的界限

按照成本核算的要求，生产费用计入产品的生产经营成本，期间费用不能计入产品成本，只能列入当期损益。因此，为了正确核算成本，企业必须将生产费用和期间费用严格划分开。

3. 正确划分成本计算期的费用界限

按照权责发生制原则，在核算成本、费用中，凡应由本期负担而尚未支出的费用，应作为预提费用计入本期成本、费用；凡已经支付，应由本期和以后各期负担的费用，应作为待摊费用，分期摊入成本费用；本期发生的费用要全部在本期入账，不应延至下期或提前结账。企业只有按照权责发生制原则，正确计算本期费用，正确计算待摊费用与预提费用并按合同完工进度准确计量成本、费用，才能正确划分各期费用界限，正确计算各期产品、工程成本。不允许利用任意多提或少提待摊费用和预提费用的办法调节各月产品、工程成本。

4. 正确划分各项工程的费用界限

为了分别考核和分析各项工程（一般是单项合同或单位工程）的成本计划完成情况，企业还必须将应由本期工程成本负担的生产费用，在各项工程之间进行划分。凡能分清应由哪个产品、哪项工程负担的直接费用，应直接计入该产品、工程成本。若由几项工程共同耗用，分不清应由哪个工程负担的间接费用，要采用适当的分配方法，分配计入各个产品、各项工程成本。分配的方法要合理、简便，各项工程之间，不允许任意增减费用，保"重点"，以盈补亏。

5. 正确划分已完工程和未完工程的界限

月末，将各项生产费用计入各项工程的成本以后，如果某项工程已全部完工（竣工），则各项费用之和，就是该项工程本月完成部分的成本。如果工程尚未完工（竣工），还必须将计入该项工程的生产费用，在本月已完工程（即已完成预算定额规定的全部工序、可向客户办理结算的分部分项工程）和未完工程（又称未完施工）之间进行分配，以便计算本月已完工程和月末未完工程成本。所采用的分配方法也要合理简便。不允许任意提高或降低月末未完工程、在产品成本，人为地调节已完工程的成本。

正确划分以上这 5 个方面费用的界限很重要，划分的过程也就是计算工程成本的过程。只有划分正确，成本计算才可能正确。企业生产费用划分过程如图 5-3 所示。

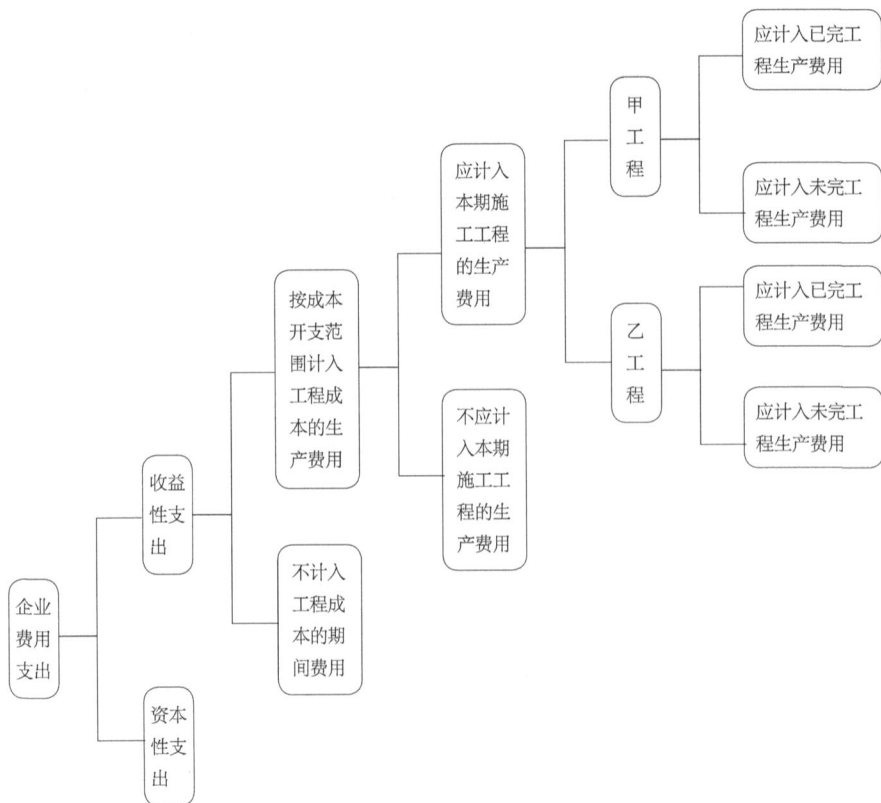

图 5-3 企业生产费用划分过程图

（三）加强基础工作，保证成本计算资料的质量

为了保证成本计算的数字真实可靠，要做好各项与成本计算密切相关的基础工作，使施工过程中的劳动消耗和施工活动的经济效益及时、正确地反映出来。在这些基础工作中，除了制定符合企业实际情况的各项施工定额外，还包括材料物资的计量、验收、领退、保管制度和各项消耗的原始记录。

1. 科学地制定定额标准

定额是用数量来控制企业施工经营活动的手段。施工企业的施工定额是在一定的施工技术和施工组织条件下，企业在人力、物力、财力的利用和消耗方面应当遵守和达到的标准。它和据以计算工程造价的预算定额不同。预算定额是建筑生产部门的平均定额，而施工定额是企业定额。因此，施工定额是编制企业计划的依据，也是进行成本控制和分析的依据。正确制定施工定额，对于推动企业厉行节约、提高经济效益、降低工程成本具有重要的意义。

施工企业的施工定额，主要有劳动定额、材料消耗定额、机械设备利用定额、工具消耗定额、费用定额等。劳动定额据以签发"工程任务单"，考核班组工效；材料消耗定额据以签发"领料单"，考核班组消耗；机械设备利用定额和工具消耗定额，据以考核机械设备效率和工具节约情况；费用定额据以控制费用开支。各项施工定额既要积极先进，又要切合实际。在制定定额时，要充分发动群众，并且注意结合本企业的施工条件和施工组织管理水平。

2. 严格执行资金收支、物资进出的各项手续

企业对于资金的收支、物资的进出，都应同有关部门密切配合，严格凭证手续，健全管理制度，克服收支不清、手续不全的现象。工程施工所需的材料，从采购到领用，都要有计量、验收、领退手续。如果材料进场不验收，供应单位账单上列多少就算多少，不仅不利于企业的经济核算，而且还会给贪污盗窃分子以可乘之机。企业内部各单位、各部门领用材料时，都要办理必要的手续，严格审批制度。现场进料的数量，要与工程用料预算相适应，防止多进材料，以免往返运输。各施工班组耗用的材料，要按施工定额发给，防止造成浪费。用剩的材料要办理退库或转移手续。月末现场已领未用材料要进行盘点。库存材料要定期进行清查，做到账物相符，防止差错和变质。对于大堆材料，如砖、瓦、砂、石等，也应采取一些简便易行的计量方法，定期进行盘点。

3. 认真做好原始记录，保存好各种原始凭证

原始记录是企业经济业务实际发生或完成情况的书面证明，是明确经济责任并据以记账的依据。如果原始记录不可靠，工程成本计算就不会正确。为此，我们必须根据部门分工，建立和健全原始记录的填制、审核和交接等责任制度，使每项原始记录都有人负责。对施工经营管理过程中发生的各项经济业务，如对材料的验收、领退、转移和盘点，工时的消耗，机械设备的

利用，费用的开支，月末已完工程的盘点等，都要正确及时地做好原始记录，以便正确计算材料消耗，合理分配工资和其他施工费用，做到物资进出有手续，工时消耗有数据，工完料清出成本。

（四）健全企业内部成本核算的其他工作

1.企业必须按季计算工程成本

有条件的企业也必须按月计算：内部独立核算的工业企业，其机械施工和运输单位以及材料供应部门，按月计算产品、作业和材料成本的材料消耗和费用开支，应与工程、产品、作业量和材料采购数量的起讫日期一致，不得提前或延后。

2.坚持实际成本的原则

企业必须根据计算期内已完工程、已完作业和材料采购的数量以及实际消耗和实际价格，计算工程、作业和材料的实际成本。不得以估计成本、预算成本或计划成本代替实际成本。

3.计算口径一致的原则

企业进行实际成本核算时，其实际成本的会计核算范围、项目设置和计算口径，应与国家有关财务制度、施工图预算、施工预算或成本计划一致。投标承包和投标包干的工程，其实际成本的会计核算范围、项目设置和计算口径，应与按中标价或合同编制的施工预算取得一致。

4.账册齐全，核算依据合规

企业及其内部独立核算单位对施工，对于生产经营过程中所发生的各项费用，必须设置必要的账册，以审核无误、手续齐全的原始凭证为依据，按照成本核算对象、成本项目、费用项目和单位进行核算，做到真实、准确、完整、及时。

5.会计处理方法保持一致

企业成本核算的各种处理方法，包括材料的计价、材料成本差异的调整、周转材料和低值易耗品的摊销、费用的分配、已完工程和未完工程的计算等，前后各期必须一致，不得任意变更，如需变更，需报经主管部门批准，并将变更的原因及其对成本和财务状况的影响，在当期的财务报告中加以说明。

5.2　工程成本核算的对象、组织与程序

5.2.1　工程成本核算的对象

为了正确组织工程成本核算，企业必须合理确定工程成本的核算对象。工程成本核算的对象，是指在工程成本的核算时，应该选择什么样的工程作为目标来归集和分配生产费用，确定它的实际成本，也就是成本归属的对象。工程成本核算的对象既可根据本企业施工组织特点、所承包工程实际情况和工程价款结算办法而确定，也可根据与施工图预算相适应的原则来决定。

一般来说，施工企业应该以每一个单位工程作为成本核算对象。但是，一个施工企业要承包多个建设项目，每个建设项目的具体情况往往很不相同：有的工程规模很大，工期很长；有的是一些规模较小，工期短的零星改、扩建工程；还有的建设项目，在一个工地上有若干个结构类型相同的单位工程同时施工，交叉作业，共同耗用现场堆放的大堆材料等。因此，工程成本核算对象的确定，一般要根据与施工图预算相适应的原则，以每一独立编制施工图预算的单位工程为依据，根据承包工程的规模大小、结构类型、工期长短以及施工现场条件等具体情况，结合本企业施工组织的特点和加强成本管理的要求，确定建筑安装工程成本核算对象。具体地讲，主要有以下几种划分方法，如表 5-2 所示。

表 5-2　工程成本核算的对象

情况	核算对象
一般情况	每一独立编制施工图预算的单位工程成本
一个单位工程由几个施工单位共同施工时	以同一单位工程成本为核算对象，各自核算自行完成的部分
规模大、工期长的单位工程	以分部工程作为成本核算对象

情况	核算对象
同一建设项目，由同一单位施工，同一施工地点、同一结构类型、开竣工时间相近的若干个单位工程	可以合并作为一个成本核算对象
改建、扩建零星工程	将开竣工时间相接近、属于同一建设项目的各个单位工程，合并作为一个成本核算对象
土石方工程、打桩工程	根据实际情况和管理需要，以一个单位工程成本为核算对象，或将同一施工地点的若干个工程量较小的单项工程合并作为一个成本核算对象
独立施工的装饰工程的成本核算对象	与土建工程成本核算对象一致
工业设备安装工程	单位工程或专业项目（如机械设备、管道、通风设备、工业筑炉的安装等）可作为工程成本核算对象。变电所、配电站、锅炉房等可按所、站、房等安装工程作为成本核算对象

注：工程成本核算的对象一经确定，在一定期限内不能随意更改，若要更改应及时通知施工企业内部相关部门，以统一工程成本的核算口径，减少因此造成的成本分析和考核上的潜在矛盾。为了集中反映各个工程成本核算对象的成本发生情况，财务部门应当为每一个成本核算对象分别设置工程成本明细账（卡），并按照成本项目设置专栏来组织核算。另外，所有的原始记录都必须按照规定的成本核算对象写清楚，以便归集和分配成本费用。

5.2.2　工程成本核算的组织

工程成本核算的组织如图 5-4 所示。

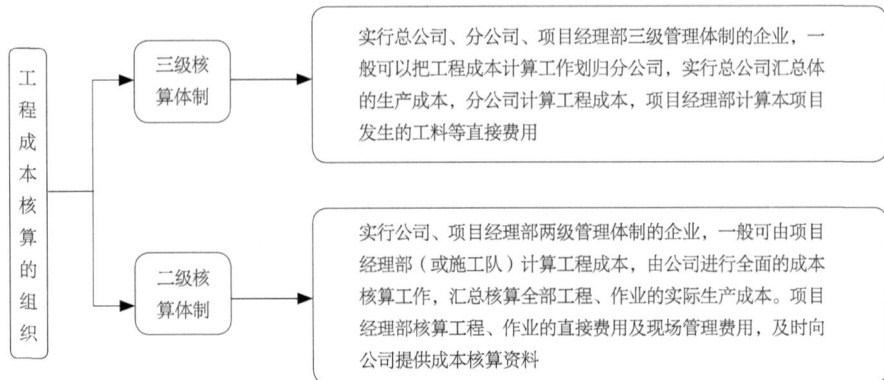

图 5-4　工程成本核算的组织

5.2.3　工程成本核算应设置的会计科目

施工企业为总括的核算和监督建筑企业施工过程中各项施工费用的发生、归集和分配情况，正确计算工程成本，要设置总分类会计科目，在此基础上还要进行明细分类核算，以利于成本管理。施工企业的会计科目和其他类型的企业有着共同性，但由于其业务的特殊性，还需要设置特定的会计科目来实现会计的核算，如表 5-3 所示。

表 5-3　为核算工程成本而设置的会计科目

会计科目	会计核算
合同履约成本	"合同履约成本"科目核算施工企业（建造承包商）为履行当前合同或者预期取得合同所发生的应当确认为一项资产的成本。该科目可按建造合同，分别"服务成本""工程施工"等进行明细核算。 发生上述合同履约成本直接费用时，借记"合同履约成本——工程施工"科目，贷记"应付职工薪酬""原材料"等科目；发生的施工、生产单位管理人员职工薪酬、固定资产折旧费、财产保险费、工程保修费、排污费等间接费用，借记"合同履约成本——工程施工（间接费用）"科目，贷记"累计折旧""银行存款"等科目。月末，将间接费用分配计入有关合同成本时，借记"合同履约成本——工程施工（合同成本）"科目，贷记"合同履约成本——工程施工（间接费用）"科目。确认合同成本时，借记"主营业务成本""其他业务成本"科目，贷记"合同履约成本"科目。 该科目期末借方余额，反映企业尚未结转的合同履约成本。

续表

会计 科目	会计核算
机械 作业	"机械作业"科目核算施工企业（建造承包商）及其内部独立核算的施工单位、机械站和运输队使用自有施工机械和运输设备进行机械作业（包括机械化施工和运输作业等）所发生的各项费用。 企业及其内部独立核算的施工单位，从外单位或本企业其他内部独立核算的机械站租入施工机械发生的机械租赁费，直接在"合同履约成本"科目核算。 "机械作业"科目可按施工机械或运输设备的种类等进行明细核算。施工企业内部独立核算的机械施工、运输单位使用自有施工机械或运输设备进行机械作业所发生的各项费用，可按成本核算对象和成本项目进行归集。成本项目一般分为：人工费、燃料及动力费、折旧及修理费、其他直接费用、间接费用（为组织和管理机械作业生产所发生的费用）。 企业发生的机械作业支出时，借记"机械作业"科目，贷记"原材料""应付职工薪酬""累计折旧"等科目。 会计期末，企业及其内部独立核算的施工单位、机械站和运输队为本单位承包的工程进行机械化施工和运输作业的成本，应转入承包工程的成本，借记"工程施工"科目，贷记"机械作业"科目。对外单位、专项工程等提供机械作业（包括运输设备）的成本，借记"劳务成本"科目，贷记"机械作业"科目，该科目期末应无余额

除上述科目外，企业如果有附属内部独立核算的工业企业（如预制构件厂、机械加工厂等），为满足施工工程需要进行产品（包括代制品、代修品）生产并发生各种生产费用，可单设"生产成本——工业生产成本"科目进行核算。企业非独立核算的辅助生产部门为工程施工、产品生产、机械作业、专项工程等生产材料和提供劳务（如设备维修，构件的现场制作，铁木件加工，固定资产清理，供应水、电、气，施工机械安装、拆卸的辅助设备的搭建工程等）所发生的各项费用，可单设"生产成本——辅助生产成本"科目核算。

5.2.4　工程成本核算的一般程序

工程成本的核算程序，是指施工企业及其所属施工单位有关部门的成本核算人员，根据成本核算的体制和成本核算的职责，在具体组织工程实际成本核算时所应遵循的次序和步骤，也就是对各种生产费用进行审核、控制，并将它们按照经济用途进行归类，计入各个成本核算对象、各个成本项目的过程所应遵循的步骤，一般分为工程成本的总分类核算和明细分类核算。

(一)工程成本总分类核算的程序

工程成本总分类核算的程序如图 5-5 所示。

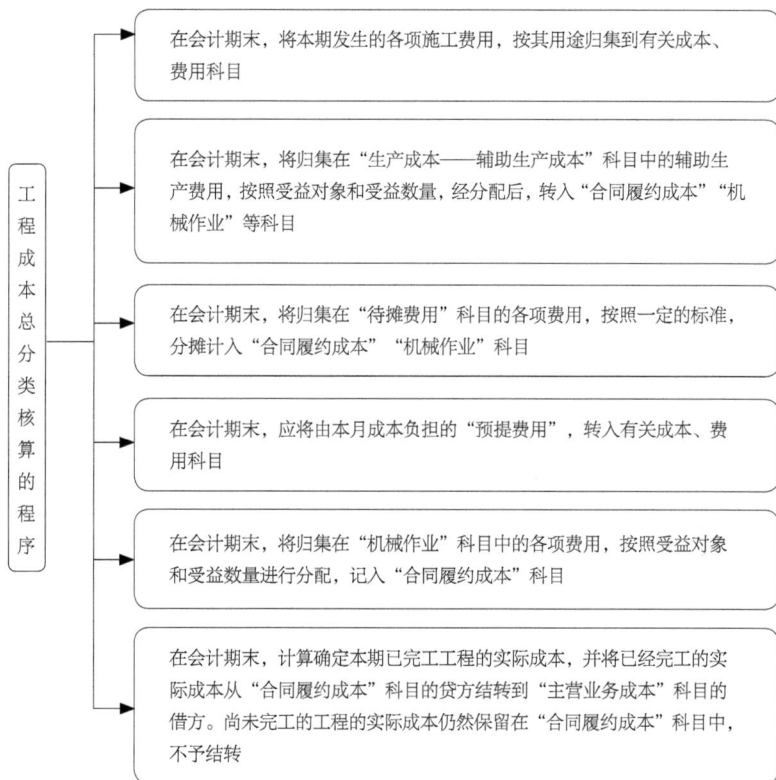

图 5-5　工程成本总分类核算的程序

(二)工程成本明细分类核算的程序

施工企业应当按照成本核算对象设置"工程成本明细账(卡)"，按照施工机械或运输设备的种类设置"机械作业"明细账，按照费用的种类或项目设置"待摊费用明细账""间接费用明细账"等，用于归集和分配各项施工生产费用。工程成本明细分类核算的程序如图 5-6 所示。

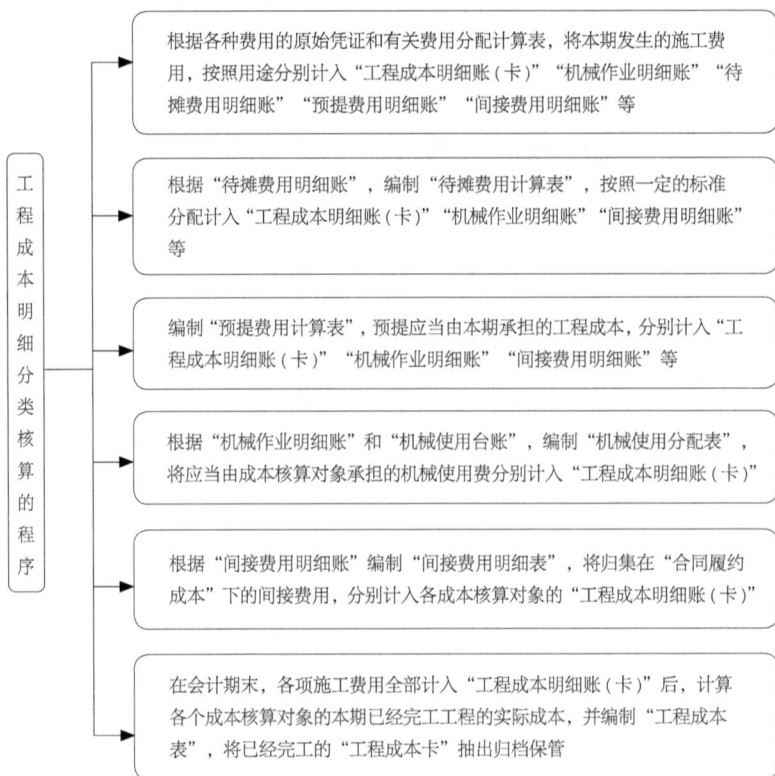

图 5-6　工程成本明细分类核算的程序

5.3　工程成本的会计核算

5.3.1　工程成本中材料费的归集和分配

（一）材料费的概念及内容

工程成本中的"材料费"项目，包括在施工过程中耗用、构成工程实体或有助于工程形成的各种主要材料、结构件的实际成本以及周转材料的摊销及租赁费用。

（二）材料费用的会计核算方法及其归集

施工企业在建筑安装活动中需要耗费大量的材料，材料品种非常多，大堆材料比重大，各工程往往在同一施工现场，同一时间进行施工。因此，材料费的分配应按照材料费领用的不同情况进行归集分配，并建立健全材料物资的管理制度。材料费用的归集方法见表 5-4。

表 5-4　材料费用的归集方法

情况	归集方法
能点清数量和分清用料对象、直接用于工程的材料，如钢材、木材、冰泥	通常按成本核算对象直接计入各工程成本的材料费项目中
能点清数量、集中配料或统一下料的，如油漆、玻璃、木材等，	应在领料凭证上注明"工程集中配料"字样，月末由材料管理人员或领用部门根据用料情况，结合材料消耗定额，编制"集中配料耗用分配表"，在各成本核算对象之间分配
不能点清数量，也很难立即分清用料对象的一些大堆材料，如砖、瓦、白灰、砂石等，几个单位工程共同使用	先由材料员或领料部门验收保管，月末实地盘点结存数量，然后根据月初结存数量与本月进料数量，倒轧本月实际数量，结合材料耗用定额，编制"大堆材料耗用计算单"，据以计入各成本核算对象的成本
其他不能点清数量，用于辅助生产部门、机械作业部门的各种材料	应分别计入"辅助生产""机械作业"账户的借方
实行材料节约奖的	应按材料节约的数额，直接计入各成本核算对象
成本计算期内已办理领料手续，但没有全部耗用的材料	应在期末进行盘点，填制"退料单"，作为办理退料的凭证，据以冲减本期材料费。工程施工后的剩余材料，应填制"退料单"，办理退料手续。施工过程中发生的残次料和包装物等，应尽量回收利用，并填制"废料交库单"估价入账，并冲减工程材料费
周转材料	应根据各个工程成本核算对象在用的数量，按照规定的摊销方法计提当月的摊销额，并编制各种"周转材料摊销计算表"

月末，财会部门必须严格审核各种领退料凭证，并根据各种领料凭证、退料凭证及材料成本差异，编制"材料费分配表"，计算收益对象应分配的

材料费。

（三）材料费用的分配

材料费用的分配，就是定期地将审核后的领料凭证，按材料的用途归类，并将应计入工程成本的材料费用计入工程成本，将不应计入工程成本的材料费计入各自费用项目。

周转材料应按受益的工程项目采用适当的方法计算摊销额计入各工程成本的材料费项目。租用周转材料的租赁费，应直接计入受益工程项目。

低值易耗品的摊销可直接计入工程成本，应记入"合同履约成本""机械作业"等科目的借方，如摊销数额较大，则应先记入"待摊费用"科目，分期计入上述各账户。

材料费用的分配一般是根据各种领料凭证按各个成本计算对象汇总编制"耗用材料分配表"，汇总计算各成本计算对象耗用材料计划成本和分摊的材料成本差异，据以计入各项工程成本的材料费项目。

【例5-1】分配材料费用

2×19年5月，泰山建筑工程公司第一工程处根据审核无误的各种领料凭证、大堆材料耗用分配表、周转材料摊销分配表等汇总编制的"材料费用分配表"，见表5-5。

根据"材料费用分配表"资料，该公司应编制如下会计分录。

（1）确认甲工程应承担的各种材料费用：

借：合同履约成本——甲工程——材料费　　　　　　　543 000

　　贷：原材料——主要材料　　　　　　　　　　　　185 000

　　　　原材料——结构件　　　　　　　　　　　　350 000

　　　　原材料——其他材料　　　　　　　　　　　　8 000

（2）对甲工程应该承担的材料成本差异进行调整：

借：合同履约成本——甲工程——材料费　　　　　　　3 175

　　贷：材料成本差异——主要材料　　　　　　　　　2 775

　　　　材料成本差异——其他材料　　　　　　　　　400

借：材料成本差异——结构件　　　　　　　　　　　　3 500

　　贷：合同履约成本——甲工程——材料费　　　　　3 500

（3）确认乙工程应承担的各种材料费用：

借：合同履约成本——甲工程——材料费　　　　　　　　　205 000

　　贷：原材料——主要材料　　　　　　　　　　　　　　　132 000

　　　　原材料——结构件　　　　　　　　　　　　　　　　70 000

　　　　原材料——其他材料　　　　　　　　　　　　　　　3 000

（4）对乙工程应该承担的材料成本差异进行调整：

借：合同履约成本——甲工程——材料费　　　　　　　　　2 130

　　贷：材料成本差异——主要材料　　　　　　　　　　　　1 980

　　　　材料成本差异——其他材料　　　　　　　　　　　　150

借：材料成本差异——结构件　　　　　　　　　　　　　　700

　　贷：合同履约成本——甲工程——材料费　　　　　　　　700

单位：第一工程处

表 5-5 材料费用分配表

2×19 年 5 月

单位：元

工程成本核算对象	主要材料										水泥预制件		其他材料			合计			
	钢材		水泥		其他主要材料		合计		计划成本	成本差异	计划成本	成本差异	计划成本	成本差异	计划成本	成本差异		
	计划成本	成本差异 -1%	计划成本	成本差异 2%	计划成本	成本差异 -4%	计划成本	成本差异 1.5%		-1%		5%		超支	节约
甲工程	120 000	-1 200	50 000	1 000	15 000	-600	185 000	2 775	350 000	-3 500	8 000	400	543 000	3 175	-3 500
乙工程	90 000	-900	30 000	600	12 000	-480	132 000	1 980	70 000	-700	3 000	150	205 000	2 130	-700
合计	210 000	-2 100	80 000	1 600	27 000	-1 080	317 000	4 755	420 000	-4 200	11 000	550	748 000	5 305	-4 200

5.3.2 工程成本中人工费的归集和分配

（一）人工费的概念和内容

工程成本中的人工费，是指在施工过程中直接参加施工生产的建筑安装工人以及在施工现场直接为工程制作构件和运料、配料等辅助生产工人的工资、工资性津贴、职工福利费相劳动保护费等。人工费的内容如图 5-7 所示。

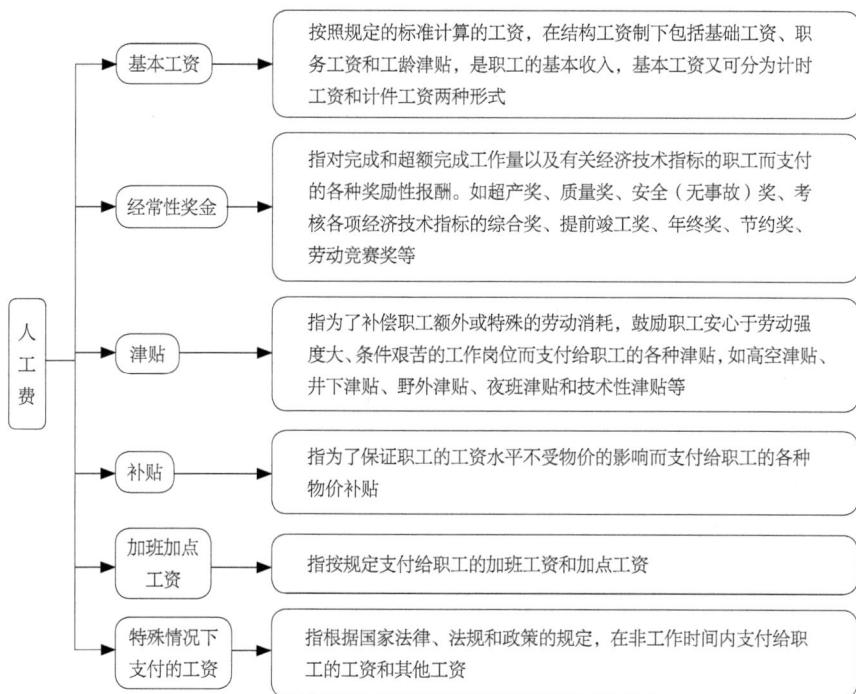

图 5-7 人工费的内容

（二）人工费的归集与分配

人工费的归集与分配如图 5-8 所示。

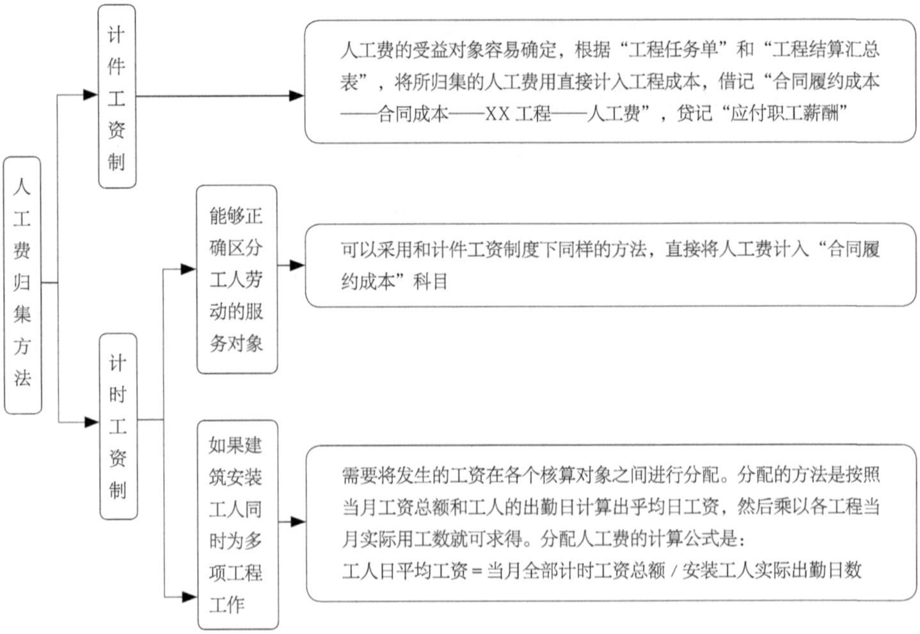

图 5-8　人工费的归集与分配

【例 5-2】归集和分配人工费

2×19年5月，泰山建筑工程公司第一工程处本年度有甲、乙两个单位工程，分别计算工程成本。本月发生的人工费如下。

（1）本月为折弯钢筋件支付的计件工资24 000元。这批钢筋件甲工程耗用5吨，乙工程耗用3吨。

工资分配标准 =24 000/（3+5）=3 000（元）

计件工资可以明确地归属到甲乙两个工程中，人工费分配见表5-6。

表 5-6　人工费分配表（计件工资）

单位：第一工程处　　　　　　　　2×19年5月　　　　　　　　金额单位：元

计件工资项目	甲工程	乙工程
钢筋折弯工资	15 000	9 000
合计	15 000	9 000

（2）本月发生计时工资60 000元，其中甲工程耗用2 200工时，乙工程耗用

1 800 工时。计时工资分配见表 5-7。

表 5-7　人工费分配表（计时工资）

单位：第一工程处　　　　　　　　2×19 年 5 月　　　　　　　　金额单位：元

成本核算对象	耗用工时	平均工时工资	分配人工费
甲工程	2 200		33 000
乙工程	1 800	15	27 000
合计	4 000		60 000

注：表中，平均工时工资 = 60 000/（2 200+1 800）= 15(元／工时)。

根据上述"人工费分配表"，该公司编制如下会计分录：

借：合同履约成本——甲工程——人工费　　　　　　48 000

　　合同履约成本——乙工程——人工费　　　　　　36 000

　　贷：应付职工薪酬——职工工资　　　　　　　　　　　84 000

5.3.3　机械使用费的归集和分配

工程成本项目中的"机械使用费"，指建筑安装工程施工过程中使用施工机械所发生的费用（包括机上操作人员人工费，燃料、动力费，机械折旧、修理费，替换工具及部件费，润滑及擦拭材料费，安装、拆卸及辅助设施费，养路费，牌照税，使用外单位施工机械的租赁费，以及保管机械而发生的保管费等）和按照规定支付的施工机械进出场费等。

（一）施工机械的管理

目前，对施工机械的管理一般分为对中小施工机械和大型施工机械两种管理方法。施工机械的管理方法如图 5-9 所示。

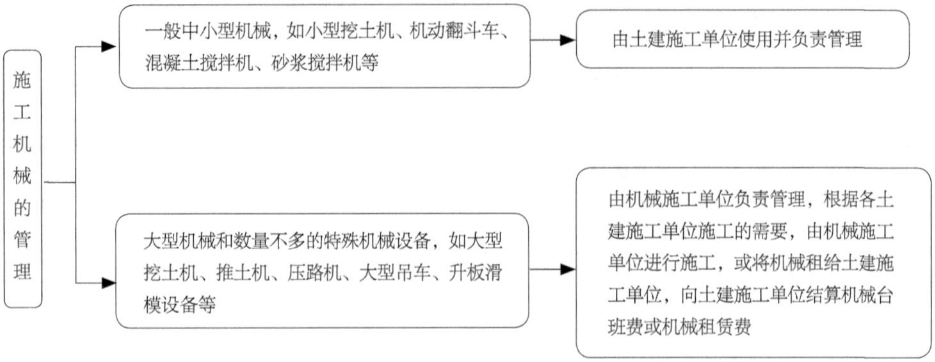

图 5-9　施工机械的管理方法

（二）施工机械的分类

施工企业使用的施工机械可分为租赁的（包括向企业外部和向企业内部独立核算的机械供应站租赁）和自行管理的两种。它们的会计核算方法不同。对于施工企业各工程项目租赁施工机械而支出的租赁和进出场费，应根据结算账单直接计入有关各工程成本"机械使用费"项目，不通过"机械作业"科目核算。账务处理见如下分录。

借：合同履约成本——××工程（机械使用费）　　　×××

　　贷：银行存款　　　　　　　　　　　　　　　　×××

对于自有施工机械，其使用过程中发生的费用应首先按机组或单机归集，计算每台班的实际成本，然后根据各个成本核算对象使用台班数，确定应计入各成本核算对象的机械使用费。进行机械作业所发生的各项费用的归集和分配，通过"机械作业"账户进行，并按照机械设备的类别设置明细账，按规定的成本项目归集费用。费用项目的确定通常应和机械台班预算定额的构成内容一致，以便计算出来的台班实际成本与定额相比较，费用发生计入该账户的借方；月末根据归集的费用和设备作业时间计算各类机械的台班成本或按适当的标准分配计入各项工程成本的"机械使用费"项目，同时计入"机械作业"账户的贷方。

（三）机械使用费包括的内容

为了便于与预算数对比分析，机械使用费的内容要和机械台班费定额中规定的内容相同。机械使用费的内容如图 5-10 所示。

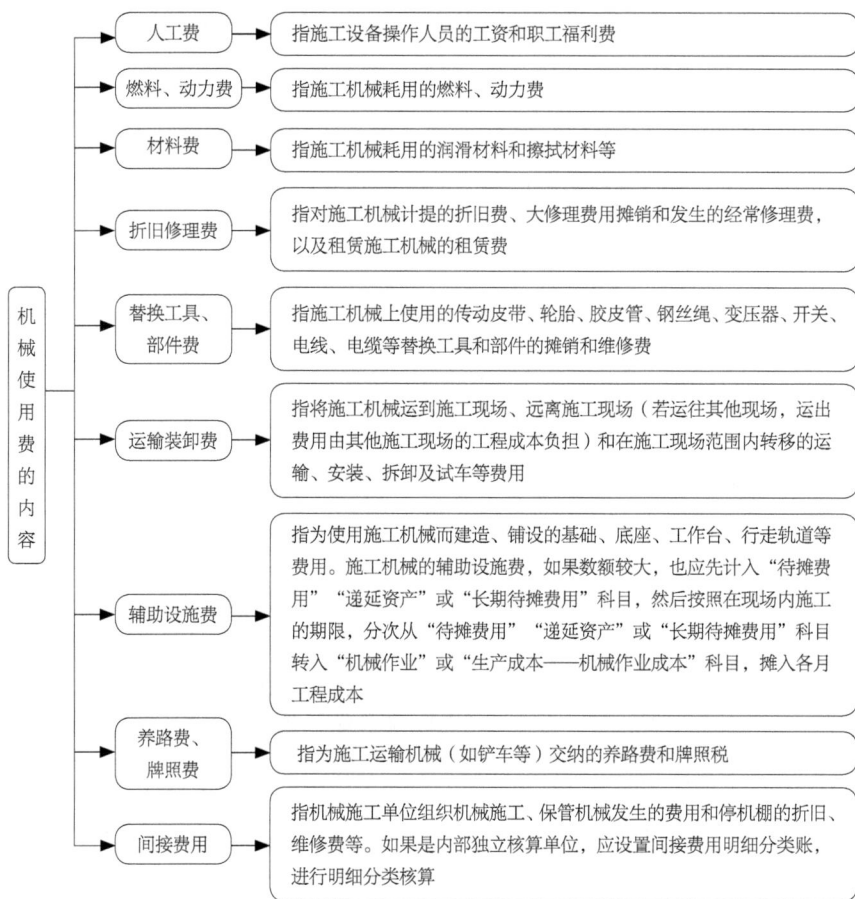

机械使用费的内容		
	人工费	指施工设备操作人员的工资和职工福利费
	燃料、动力费	指施工机械耗用的燃料、动力费
	材料费	指施工机械耗用的润滑材料和擦拭材料等
	折旧修理费	指对施工机械计提的折旧费、大修理费用摊销和发生的经常修理费，以及租赁施工机械的租赁费
	替换工具、部件费	指施工机械上使用的传动皮带、轮胎、胶皮管、钢丝绳、变压器、开关、电线、电缆等替换工具和部件的摊销和维修费
	运输装卸费	指将施工机械运到施工现场、远离施工现场（若运往其他现场，运出费用由其他施工现场的工程成本负担）和在施工现场范围内转移的运输、安装、拆卸及试车等费用
	辅助设施费	指为使用施工机械而建造、铺设的基础、底座、工作台、行走轨道等费用。施工机械的辅助设施费，如果数额较大，也应先计入"待摊费用""递延资产"或"长期待摊费用"科目，然后按照在现场内施工的期限，分次从"待摊费用""递延资产"或"长期待摊费用"科目转入"机械作业"或"生产成本——机械作业成本"科目，摊入各月工程成本
	养路费、牌照费	指为施工运输机械（如铲车等）交纳的养路费和牌照税
	间接费用	指机械施工单位组织机械施工、保管机械发生的费用和停机棚的折旧、维修费等。如果是内部独立核算单位，应设置间接费用明细分类账，进行明细分类核算

图 5-10 机械使用费的内容

至于施工机械所加工的各种材料，如搅拌混凝土时所用的水泥、砂、石等，应计入工程成本的"材料费"项目，为施工机械担任运料、配料和搬运成品的工人的工资，应计入工程成本的"人工费"项目。

（四）机械使用费的分配方法

（1）按施工机械的实际台时（或完成工程量）分配机械使用费。

月末，企业根据各类机械明细账的借方发生额及实际作业台班数计算台班成本，编制"机械使用费分配表"并计入"合同履约成本"账户借方及工程成本计算单的"机械使用费"项目内；同时记入"机械作业"账户贷方；当月"机械作业"账户发生的费用一般当月分配完毕，月末没有余额。

【例5-3】分配机械使用费1

2×19年6月，泰山建筑工程公司第一工程处用一台吊车和一台铲车分别对本公司的甲、乙两处工程进行了机械作业。"机械作业——吊车机械使用费"明细科目的借方发生额为47 380元。吊车实际作业情况为：甲工程132小时，乙工程68小时。"机械作业——铲车机械使用费"明细科目的借方发生额为60 000元。铲车实际作业情况为：甲工程90小时，乙工程160小时。机械作业——吊车机械使用费明细账如表5-8所示。

请编制机械使用费分配表，并进行相应的账务处理。

表5-8 机械作业——吊车机械使用费明细账

2×19年6月   单位：元

日期		摘要	借方						贷方科目
月	日		人工费	燃料及动力费	折旧及修理费	其他直接费	间接费用	合计	
6	6	材料分配表		16 000				16 000	
6	8	修理车间转来修理费			3 500			3 500	
6	19	低值易耗品摊销表			4 600			4 600	
6	20	操作工工资	2 200					2 200	
6	15	安装拆卸费结算单	300					300	
6	30	应由吊车承担的其他直接费用与间接费用				3 400	2 380	5 780	
6	30	本月吊车折旧			15 000			15 000	
6	30	将机械作业费用结转							47 380
		本月合计	2 500	16 000	23 100	3 400	2 380	47 380	47 380

机械使用费分配表如表 5-9 所示。

表 5-9　机械使用费分配表

2×19 年 6 月　　　　　　　　　　　　　　　　　　　　　　单位：元

受益对象	吊车			挖土机			合计
	台班数	每台班成本	金额	台班数	每台班成本	金额	
甲工程	132		31 270.80	90		21 600.00	52 870.80
乙工程	68	236.90	16 109.20	160	240	38 400.00	54 509.20
合计	184		47 380.00	250		60 000.00	107 380.00

（1）依据机械使用费分配表，对甲工程应分摊的机械使用费进行如下账务处理：

借：合同履约成本——甲工程　　　　　　　　　52 870.80

　　贷：机械作业——吊车　　　　　　　　　　　　　31 270.80

　　　　机械作业——铲车　　　　　　　　　　　　　21 600.00

（2）依据机械使用费分配表，对乙工程应分摊的机械使用费进行如下账务处理：

借：合同履约成本——乙工程　　　　　　　　　54 509.20

　　贷：机械作业——吊车　　　　　　　　　　　　　16 109.20

　　　　机械作业——铲车　　　　　　　　　　　　　38 400.00

（2）先按机械的计划台时费对机械使用费进行分配，然后依据计划机械使用费与实际机械使用费之间的比值调整为实际机械使用费的方法。

为了简化计算手续，对于各种中型施工机械的机械使用费，企业可在月终先根据"机械使用月报"中各种机械的工作台时（或完成工程量）合计和该种机械台时费计划数，算出当月按台时费计划数计算的机械使用费合计，再计算实际发生的机械使用费占按台时费计划数计算的机械使用费计划数合计的百分比，然后将各个成本计算对象按台时费计划数计算的机械使用费计划数，按算得的百分比加以调整。计算公式如下：

公式 1：按台时费计划数计算的机械使用费合计 = ∑（机械工作台时合计 × 该机械台时费计划数）

公式 2：某项工程应分配的机械使用费 = ∑（该项工程使用机械的工作

台时 × 机械台时费计划数）×（实际发生的机械使用费 / 按台时费计划数计算的机械使用费合计）

机械使用费的分配步骤如图 5-11 所示。

图 5-11　机械使用费的分配步骤

【例5-4】分配机械使用费2

泰山建筑工程公司机械施工的情况如表 5-10 所示。2×19 年 6 月，该公司"机械作业明细分类账"汇总计算出的实际发生的机械使用费为 37 560 元。机械使用费资料如表 5-10 所示。

表 5-10　机械使用费资料

2×19 年 6 月

施工机械名称	计划台时费（元/台时）①	本期实际使用台时（台时）②	合计③=①×②	实际机械施工费（元）
履带挖土机	50	380 台时（其中：甲工程 280 台时，乙工程 70 台时，丙工程 30 小时）	19 000	23 600
混凝土搅拌机	15	180 台时（其中：甲工程 90 台时，B 工程 40 台时，丙工程 50 台时）	2 700	2 500
吊车	80	120 台时（其中：甲工程 80 台时，乙工程 40 台时，丙工程 0 台时）	9 600	11 460
合计			31 300	37 560

依据以上的数据，请先按机械的计划台时费对机械使用费进行分配，然后依据计划机械使用费与实际机械使用费之间的比值调整为实际机械使用费，并进行相应的账务处理。

计算与处理的步骤如下：

（1）各种施工机械按台时费计划数计算的机械使用费合计为 31 300 元。

（2）该企业"机械作业明细分类账"汇总计算实际发生的机械使用费为 37 560 元。

（3）机械使用费实际数占按台时费计划数计算的百分比＝ 37 560 ／ 31 300 ＝ 1.20。

（4）各成本计算对象按台时费计划数计算的机械使用费，按算得的百分比加以调整后可得表 5-11。

表 5-11　机械使用费分配表

2×17 年 6 月

单位：元

工程名称	履带挖土机			混凝土搅拌机			吊车			按计划数计算的机械使用费总额	调整比例	调整后的机械使用费
	计划数（元/台）	实际工时	总费用	计划数（元/台）	实际工时（小时）	总费用	计划数（元/台）	实际工时（小时）	总费用			
甲工程		280	14 000		90	1 350		80	6 400	21 750		26 100
乙工程	50	70	3 500	15	40	600	80	40	3 200	7 300	1.2	8 760
丙工程		30	1 500		50	750			0	2 250		2 700
										0		0
合计		380	19 000		180	2 700		120	9 600	31 300		37 560

5.3.4　工程成本中辅助生产费用的归集和分配

施工企业一般都设置若干个非独立核算的辅助生产部门。辅助生产部门主要是为工程施工服务，包括机修车间、木工车间、供水站、供电站、混凝土搅拌站、运输队等。辅助生产部门为工程施工、管理部门和企业内部其他部门提供产品（如材料、构件、水、电等）和劳务（设备维修、安装）等。

对于辅助生产部门所发生的各项费用的归集和分配，企业首先通过"生产成本——辅助生产"账户进行，并按辅助生产车间、单位和产品、劳务的品种设置三级明细账，按规定的成本项目归集费用。

辅助生产费用金额较大、业务发生频繁的企业，在不违反会计准则中确认、计量和报告规定的前提下，也可以根据本单位的实际情况单独设立"辅助生产"科目。本书就采用了这种方式。

企业应按辅助生产费用的发生额，借记"辅助生产"科目，月末根据归集的费用计算产品、劳务的总成本和单位成本，然后再按各工程和部门的受益数量分配计入各项工程成本、机械作业成本以及其他费用项目中，同时贷记"辅助生产"。期末若有借方余额，则为在产品实际成本。

辅助生产费用常用的分配方法有：直接分配法、一次交互分配法、计划成本分配法和代数分配法等。由于施工企业辅助生产一般规模较小，品种比较单一，各辅助生产单位之间相互服务数量也较少，因此，施工企业多采用直接分配法。

所谓直接分配法，就是将各辅助生产单位所实际发生的全部费用，直接分配给辅助生产单位以外的各受益单位，而不考虑各辅助生产单位之间相互服务情况的一种分配方法。

【例 5-5】归集和分配辅助生产费用

泰山建筑工程公司运输队本月发生的各种费用共 261 900 元，已根据有关凭证登记入账，如表 5-12 所示。

该公司发生辅助生产费用时，进行的账务处理如下：

借：辅助生产　　　　　　　　　　　　　　　　　　261 900

　　贷：原材料　　　　　　　　　　　　　　　　　134 500

应付职工薪酬	71 800
累计折旧	51 800
合同履约成本——其他直接费	1 600
制造费用	2 200

表 5-12 辅助生产费用明细账

类别：运输费　　　　　　　　2×19 年 6 月　　　　　　　　单位：元

日期		凭证及摘要	借方						贷方
月	日		人工费	燃料及动力费	折旧及修理费	其他直接费	间接费用	合计	
		材料分配表		134 500		1 600		136 100	
		折旧计算表			17 200			17 200	
		修理费			33 800			33 800	
		低值易耗品摊销			800			800	
		工资分配表	71 800					71 800	
		分配制造费用							
		分配运输费					2 200	2 200	
									261 900
		合计	71 800	134 500	51 800	1 600	2 200	261 900	261 900

月末，根据各辅助生产明细账的借方发生额及实际提供的产品、劳务数量，编制"辅助生产费用分配表"（见表 5-13）。

表 5-13 辅助生产费用分配表

类别：运输费　　　　　　　　2×19 年 6 月　　　　　　　　单位：元

受益对象	受益数量（吨千米）	分配系数	金额
甲项目部	18 580		92 900
乙项目部	12 380		61 900
其中：1 号工程	9 120	5 元 / 吨千米	45 600
2 号工程	3 260		16 300
公司总部	21 420		107 100
合计	52 380		261 900

根据分配表编制如下会计分录：

借：合同履约成本——甲项目部	92 900	
合同履约成本——乙项目部	61 900	
管理费用	107 100	
贷：辅助生产		261 900

5.3.5　其他直接费的归集和分配

其他直接费是指不包括在人工费、材料费、机械使用费项目内而在预算定额以外，在施工现场发生的材料二次搬运费、临时设施摊销费、生产工具用具使用费、检验试验费、工程定位复测费、工程点交费及场地清理费等。

施工企业发生的其他直接费，凡是能分清成本对象的，应直接计入各受益的工程成本核算对象下的"其他直接费用"项目中。几个工程共同发生且不能直接确定成本核算对象的其他直接费，可以先行汇总在"其他直接费"明细账中归集，并按照定额用量预算费用或以工程的工料成本作为分配基数，月末或竣工时编制"其他直接费分配表"。

【例 5-6】归集和分配其他直接费

某建筑公司第一工程处本月发生其他直接费 19 000 元，其中，分别分配给 1 号工程 12 000 元、2 号工程 7 000 元。该公司的账务处理如下：

借：合同履约成本——1 号工程	19 000	
合同履约成本——2 号工程	12 000	
贷：合同履约成本——其他直接费		7 000

5.3.6　间接费用的归集和分配

（一）间接费用的内容

建筑安装工程成本中除了各项直接费外，还包括企业所属各施工单位，如工程处、施工队、项目经理部为施工准备、组织和管理施工生产所发生的各项费用。这些费用不能确定其为某项工程所应负担，因而无法将它直接计入各个成本计算对象。为了简化核算手续，会计人员可将它先计入"合同履约成本——间接费用"或"生产成本——工程施工成本——间接费用"科目，然后按照适当分配标准，将它计入各项工程成本。

为了编制施工单位间接费用计划，组织间接费用的明细分类核算，以便据以考核费用预算的执行结果，分析各项费用增减变动的原因，进一步节约费用开支，降低工程成本，间接费用应按有关规定分设表5-14所示明细项目。

表5-14　间接费用的明细项目

间接费用明细项目	内容
临时设施摊销费	指为保证施工和管理的正常进行而建造的各种临时性生产和生活设施，如临时宿舍、文化福利及公用设施，仓库、办公室、加工厂，以及规定范围内道路、水、电管线等临时设施的摊销费
管理人员工资	指施工单位管理人员的工资、奖金和工资性津贴
职工福利费	指按照施工单位管理人员工资总额的14%提取的职工福利费
劳动保护费	指用于施工单位职工的劳动保护用品和技术安全设施的购置、摊销和修理费，供职工保健用的解毒剂、营养品、防暑饮料、洗涤肥皂等物品的购置费或补助费，以及工地上职工洗澡、饮水的燃料费等
办公费	指施工单位管理部门办公用的文具、纸张、账表、印刷、邮电、书报、会议、水电、烧水和集体取暖（包括现场临时宿舍取暖）用煤等费用
差旅交通费	指施工单位职工因公出差期间的旅费、住勤补助费，市内交通费和误餐补助费，职工探亲路费，劳动力招募费，职工离退休、退职一次性路费，工伤人员就医路费，工地转移费，以及现场管理使用的交通工具的油料、燃料、养路费及牌照费等
折旧费	指施工单位施工管理和试验部门等使用属于固定资产的房屋、设备、仪器，以及不实行内部独立核算的辅助生产单位的厂房等的折旧费
修理费	指施工单位施工管理和试验部门等使用属于固定资产的房屋、设备、仪器，以及不实行内部独立核算的辅助生产单位的厂房等的经常修理费和大修理费
工具用具使用费	指施工单位施工管理和试验部门等使用不属于固定资产的工具、器具、家具和检验、试验、测绘、消防用具等的购置、摊销和维修费
保险费	指施工管理用财产、车辆保险费，以及海上、高空、井下作业等特殊工种安全保险费

续表

间接费用明细项目	内容
工程保修费	指工程竣工交付使用后，在规定保修期以内的修理费用。应采用预提方式计入
其他费用	指上列各项费用以外的其他间接费用，如工程排污费等

从间接费用明细项目中，可以看出它与材料费等变动费用不同。它属于相对固定的费用，其费用总额并不随着工程量的增减而成比例的增减。但就单位工程分摊的费用来说，则随着工程数量的变动成反比例的变动，即完成工程数量增加，单位工程分摊的费用随之减少；反之，完成工程数量减少，单位工程分摊的费用随之增加。因此，超额完成工程任务，也可降低工程成本。

（二）间接费用的归集和分配

间接费用属于共同费用，难以分清受益对象。为了归集和分配间接费用，企业应在"制造费用"账户下进行核算，汇总本期发生的各种间接费用，并按费用项目进行明细核算。

当间接费用发生时，企业应按发生额，借记"制造费用"科目；月末，企业应将归集的费用采用一定的标准全数分配，借记相应的工程成本项目，贷记"制造费用"科目，月末应该没有余额。间接费用的分配标准因工程类别不同而有所不同。

1. 土建工程一般应以工程成本的直接费用为分配标准。

2. 安装工程应以安装工程的人工费用为分配标准。在实际工作中，由于施工单位施工的工程往往有土建工程和安装工程，有时辅助生产单位生产的产品或劳务可能还会对外销售，所以施工单位的间接费用一般要经过两次分配，一次是在不同类的工程、劳务和作业间进行分配，另一次是在同类的工程、劳务和作业间进行分配。间接费用的两次分配见表 5-15。

表 5–15　间接费用的两次分配

间接费用的两次分配	对应含义和计算公式
第一次分配	第一次分配是将发生的全部间接费用在不同类的工程、劳务和作业间进行分配，一般是以各类工程、劳务和作业中的人工费为基础进行分配，其计算公式如下： 间接费用分配率＝间接费总额／各类工程（劳务、作业）成本中人工费总额×100% 某类工程应分配的间接费用＝该类工程成本中的人工费 × 间接费分配率
第二次分配	间接费用的第二次分配是将第一次分配到各类的工程间接费再分配到本类的工程、劳务和作业中去。第二次分配是按各类工程、劳务和作业发生的直接费或人工费为基础进行分配的，其计算公式如下： （1）土建工程：以工程的直接成本（即人工费、材料费、机械使用费、其他直接费之和）实际发生数或已完工程直接费预算数为标准进行分配。 间接费用分配率＝建筑工程分配的间接费总额／全部土建工程直接费总额×100% 某土建工程应分配的间接费用＝该土建工程直接费 × 间接费分配率 （2）安装工程：以工程实际发生人工费或已完工程人工费预算数作为标准分配。 间接费用分配率＝安装工程应分配的间接费总额／各安装工程人工费总额×100% 某安装工程应分配的间接费用＝该安装工程人工费 × 间接费分配率

　　另外，在实际核算工作中，对于间接费用的分配，若已给出间接费用定额，也可采用先计算本月实际发生的间接费用与按间接费用定额计算的间接费用的百分比，再将各项建筑安装工程按定额计算的间接费用进行调整。计算公式如下：

　　某项工程本月应分配的间接费用 ＝ 该项工程本月实际发生的直接费或人工费 × 该项工程规定的间接费用定额 × 本月实际发生的间接费用 / ∑（各项工程本月实际发生的直接费或人工费 × 各项工程规定的间接费用定额）

【例 5-7】归集和分配间接费用的会计核算

　　泰山建筑公司道路工程处在 2×19 年 6 月只有甲、乙两处建筑工程，没有安装工程和劳务。本月间接费用的发生情况如表 5-16 所示。该公司的间接费用采用直接分配法，按照各个工程项目所耗费的直接费用为依据进行分配，本月甲工程发生直接费用 750 000 元，乙工程发生直接费用 650 000 元。

　　请编制间接费用分配表，并进行相应的会计处理。

单位名称：道路工程处

单位：元

表 5-16　间接费用明细账

2019 年 6 月

日期		凭证及摘要	借方									贷方
月	日		工作人员工资	奖金	职工福利费	办公费差旅费	固定资产及工具使用费	劳动保护费	工程保修费	财产保险费	其他	合计	
6	9	工资汇总分配表	25 800	32 500								58 300	
6	12	以银行存款支付				12 000		9 290	12 600	7 465	1 700	43 055	
6	15	以现金支付费用				6 825		4 394	12 806			24 025	
6	30	折旧计算表					6 800					6 800	
6	30	低耗品摊销表						1 620				1 620	
6	30	材料汇总分配表					6 200					6 200	
6	30	分配间接费用											140 000
		合计	25 800	32 500	0	18 825	13 000	15 304	25 406	7 465	1 700	140 000	140 000

间接费用分配表如表 5-17 所示。

表 5-17　间接费用分配表

2×19 年 6 月 　　　　　　　　　　　　　　　　　　单位：元

工程项目	直接费	分配系数	金额
甲工程	1 500 000		75 000
乙工程	1 300 000	0.05	65 000
合计	2 800 000		140 000

分配系数＝140 000÷2 800 000＝0.05

根据分配表，会计人员编制的会计分录如下：

借：合同履约成本——甲工程　　　　　　　　　　　　75 000

　　合同履约成本——乙工程　　　　　　　　　　　　65 000

　　贷：制造费用　　　　　　　　　　　　　　　　140 000

5.4　月度工程成本结算

施工企业的各项生产费用，按上节所述在各成本核算对象之间进行归集和分配以后，应计入本月各成本核算对象的生产费用，全部归集在"工程施工——合同成本"账户的借方和有关的成本计算单中。

月末，对于已经竣工的工程，自开工到竣工计入该工程成本的全部生产费用，就是该工程的竣工成本；对于尚未竣工或正在施工的工程，施工企业还应将本月发生的生产费用和月初结转的上月末未完施工的生产费用之和，在本月已完工程和月末未完施工的成本之间进行分配。相关计算公式如下：

月初未完工程成本＋本月生产费用＝已完工程成本＋月末未完工程成本

5.4.1　未完工程成本

施工企业的已完工程，从理论上来说，应指在企业范围内全部竣工，不再需要进行任何施工活动的工程，即竣工工程。但是由于建筑安装工程施工周期长，如果等到工程竣工之后再核算工程成本，不能发挥成本计算在企业管理中的作用，也就满足不了企业管理的需要。因此，为了有利于企业经济核算，加速资金周转，及时检查成本计划，考核经济效果，现行制度规定：凡是已经完成预算定额所规定的全部工序，在本企业不需要再进行任何加工的分部分项工程，称为已完工程（或已完施工）。

分部分项工程虽不具有完整的使用价值，也不是竣工工程，但是由于在企业内已完成全部施工活动，已可确定工程数量和工程质量，故可将它视为已完工程，计算它的预算成本和预算价值，向客户收取工程价款。虽已投入人工、材料进行施工，但尚未达到预算定额规定的全部工程内容的一部分工序称为未完施工（或未完工程），不能据以收取工程价款。例如，砖墙抹石灰砂浆工程，按工程预算定额规定的工程内容为修整表面、清扫、抹灰、抹平、罩面、压光、作护角等工序。如果某房屋砖墙抹石灰浆工程在月末时已完成了上述全部工程内容，就应作为“已完工程”计算；如果只完成了其中一部分工序，则应算作“未完施工”。

未完工程成本的计算，通常是由统计人员月末到施工现场实地丈量盘点未完施工实物量，并按其完成施工的程度折合为已完工程数量，根据预算单价计算未完工程成本。计算公式如下：

未完工程成本 = 未完施工实物量 × 完工程度 × 预算单价

期末未完工程成本一般不负担管理费。如果未完施工工程量占当期全部工程量的比重很小或期初与期末数量相差不大，可以不计算未完工程成本。

根据计算结果填制“未完施工盘点单”，并计入“工程成本计算单”，即可据以结转已完工程实际成本。

【例 5-8】结转未完工程成本

泰山建筑工程有限公司在其承包的一处学校的建筑工程（甲工程）中，包括一项 3 000 平方米的风雨操场工程，该部分工程包括平整、硬化和铺设塑胶等三道工序。目前第二道工序已经完成，约等于已完工程量 70%，折合已完工程量为：

折合已完工程量 = 3 000×70% =2 100（平方米）

设每平方米涂料工程预算单价为 220.00 元，则 3 000 平方米的风雨操场未完工程成本为：

2 100×220 = 462 000（元）

再按预算单价所含工、料费比例进一步分解计算出人工费、材料费等，编制"未完施工盘点单"，如表 5-18 所示。

表 5-18　未完施工盘点单

编制：项目部　　　　　　　　　　　　　　　2×19 年 6 月

单位	分部分项工程		已完工序				其中
工程名称	名称	预算单价（元）	工序名称或内容	占分部分项工程比率	已做数量	折合分部分项工程量	预算成本（元）	人工费（元）
甲工程	塑胶风雨操场	220	已完成硬化	70%	3 000 平方米	2 100 平方米	462 000	69 300
小计							462 000	69 300

5.4.2　已完工程实际成本

月末，在确定了未完工程成本后，企业即可根据下列公式确定当月各个成本核算对象已完工程的实际成本。

已完工程实际成本＝月初未完工程成本＋本月生产费用－月末未完工程成本

企业应将各成本核算对象的"成本计算单"的实际成本，填入"已完工程成本表"中实际成本栏，据此结转本月已完工程实际成本，将已完工程的实际成本从"工程施工——合同成本"账户的贷方转入"主营业务成本"账户的借方。

5.4.3　已完工程预算成本

在确定了已完工程实际成本以后，为了对比考察成本的升降情况和与客户进行结算，企业还要计算当月已完工程的预算成本和预算价值。

已完工程预算成本的计算公式如下：

已完工程预算成本 $= \sum$ （实际完成工程量 $\times$ 预算单价）（ $1+$ 间接费定额）

已完安装工程预算成本 $= \sum$ （实际完成安装工程量 $\times$ 预算单价） $+$ （已完安装工程人工费 $\times$ 间接费定额）

在实际工作中，已完工程预算成本通常是由企业的统计部门于月末先行实地丈量已完工程实物量，再根据预算定额中预算单价和间接费定额，在"已完工程结算表"或"已完工程月报表"中进行计算。

"已完工程结算表"反映的是当月已完工程的预算总价值，由直接费、间接费、计划利润和税金四部分组成。直接费包括按预算单价计算的人工费、材料费、机械使用费、其他直接费。间接费包括按间接取费率计算的管理费和临时设施费，劳动保险费等构成的其他间接费。由于"已完工程结算表"中所提供的预算成本项目所包含内容和实际成本不完全一致，为了和工程实际成本的各个项目进行对比，就须根据"已完工程结算表"将属于预算成本范围的项目进行表 5-19 所示的分解调整。

表 5-19　"已完工程结算表"的调整项目

调整项目	（1）必须分别测算出公司机关管理费和施工单位管理费各自所占比重，将按综合取费率计算的间接费分开
	（2）包括在其他间接费中的临时设施费，已列入工程实际成本的其他直接费项目中，预算成本也应进行相应调整
	（3）将预算成本中包括的综合性取费项目，如冬雨季施工增加费、夜间施工增加费等，应按所含工、料费比重分解为人工、材料费等项目，分别计入预算成本的相应项目

5.5　期间费用的核算

期间费用是指不计入产品生产成本、直接计入发生当期损益的费用。期间费用主要包括管理费用、销售费用和财务费用。

5.5.1 管理费用

管理费用的含义、内容和科目设置如表 5-20 所示。

表 5-20 管理费用

管理费用含义	管理费用内容	"管理费用"科目
企业为组织和管理生产经营活动而发生的各种管理费用	企业在筹建期间发生的开办费、董事会和行政管理部门在企业的经营管理中发生的或者应由企业统一负担的公司经费（包括行政管理部门职工薪酬、物料消耗。低值易耗品摊销、办公费和差旅费等）、工会经费、董事会费（包括董事会成员津贴、会议费和差旅费等）、聘请中介机构费、咨询费（含顾问费）、诉讼费、业务招待费、房产税、车船使用税、土地使用税、印花税、技术转让费、矿产资源补偿费、研究费用、排污费以及企业生产车间（部门）和行政管理部门发生的固定资产修理费等	核算管理费用的发生和结转情况。该科目借方登记企业发生的各项管理费用，贷方登记期末转入"本年利润"科目的管理费用，结转后，该科目应无余额。该科目应按管理费用的费用项目进行明细核算

【例 5-9】管理费用的会计核算

某企业行政部 9 月共发生费用 224 000 元，其中，行政人员薪酬 150 000 元，行政部专用办公设备折旧费 45 000 元，报销行政人员差旅费 21 000 元（假定报销人均未预借差旅费），其他办公、水电费 8 000 元（均用银行存款支付）。会计分录如下：

借：管理费用　　　　　　　　　　　　　　　　224 000

　　贷：应付职工薪酬　　　　　　　　　　　　　　150 000

　　　　累计折旧　　　　　　　　　　　　　　　　45 000

　　　　库存现金　　　　　　　　　　　　　　　　21 000

　　　　银行存款　　　　　　　　　　　　　　　　　8 000

5.5.2 销售费用

销售费用的含义、内容和科目设置如表 5-21 所示。

表 5-21　销售费用的含义、内容和科目设置

销售费用含义	销售费用内容	"销售费用"科目
企业在销售商品和材料、提供劳务过程中发生的各项费用	企业在销售商品过程中发生的包装费、保险费、展览费和广告费、商品维修费、预计产品质量保证损失、运输费、装卸费等费用，以及企业发生的为销售本企业商品而专设的销售机构的职工薪酬、业务费、折旧费、固定资产修理费等费用	核算销售费用的发生和结转情况。该科目借方登记企业所发生的各项销售费用，贷方登记期末结转入"本年利润"科目的销售费用，结转后，该科目应无余额。该科目应按销售费用的费用项目进行明细核算

【例 5-10】销售费用的会计核算

某公司销售部 8 月共发生费用 220 000 元，其中，销售人员薪酬 100 000 元，销售部专用办公设备折旧费 50 000 元，业务费 70 000 元（均用银行存款支付）。会计分录如下：

借：销售费用　　　　　　　　　　　　　　　　　220 000
　　贷：应付职工薪酬　　　　　　　　　　　　　　100 000
　　　　累计折旧　　　　　　　　　　　　　　　　 50 000
　　　　银行存款　　　　　　　　　　　　　　　　 70 000

5.5.3　财务费用

财务费用的含义、内容和科目设置如表 5-22 所示。

表 5-22　财务费用的含义、内容和科目设置

财务费用含义	财务费用内容	"财务费用"科目
企业为筹集生产经营所需资金等而发生的筹资费用	利息支出（减利息收入）、汇兑损益以及相关的手续费、企业发生的现金折扣或收到的现金折扣等	核算财务费用的发生和结转情况。该科目借方登记企业发生的各项财务费用，贷方登记期末结转入"本年利润"科目的财务费用。结转后，该科目应无余额。该科目应按财务费用的费用项目进行明细核算

【例 5-11】财务费用的会计核算

某企业于 2×19 年 1 月 1 日向银行借入生产经营用短期借款 360 000 元，期限 6 个月，年利率 5%。该借款本金到期后一次归还，利息分月预提，按季支付。假定该企

业在 1 月将 120 000 元暂时作为闲置资金存入银行，并获得利息收入 400 元。假定所有利息均不符合利息资本化条件。1 月，与利息相关的会计处理如下：

1 月月末，预提当月应计利息：

$360\ 000 \times 5\% \div 12 = 1\ 500$（元）

借：财务费用   1 500

  贷：应付利息   1 500

同时，当月取得的利息收入 400 元应作为冲减财务费用处理。

借：银行存款   400

  贷：财务费用   400

第6章
何时才算赚到钱——施工企业的收入

6.1　收入概述

6.1.1　收入的概念和特征

收入是施工企业取得劳务回报的主要形式。收入的概念和特征详见表 6-1。

表 6-1　收入的概念和特征

收入的含义	收入的特点
收入，是指企业在日常活动中形成的、会导致所有者权益增加的、与所有者投入资本无关的经济利益的总流入	（1）收入是企业在日常活动中形成的经济利益的总流入； （2）收入会导致企业所有者权益的增加； （3）收入与所有者投入资本无关

6.1.2　施工收入的主要内容

施工企业的收入包含的主要内容如图 6-1 所示。

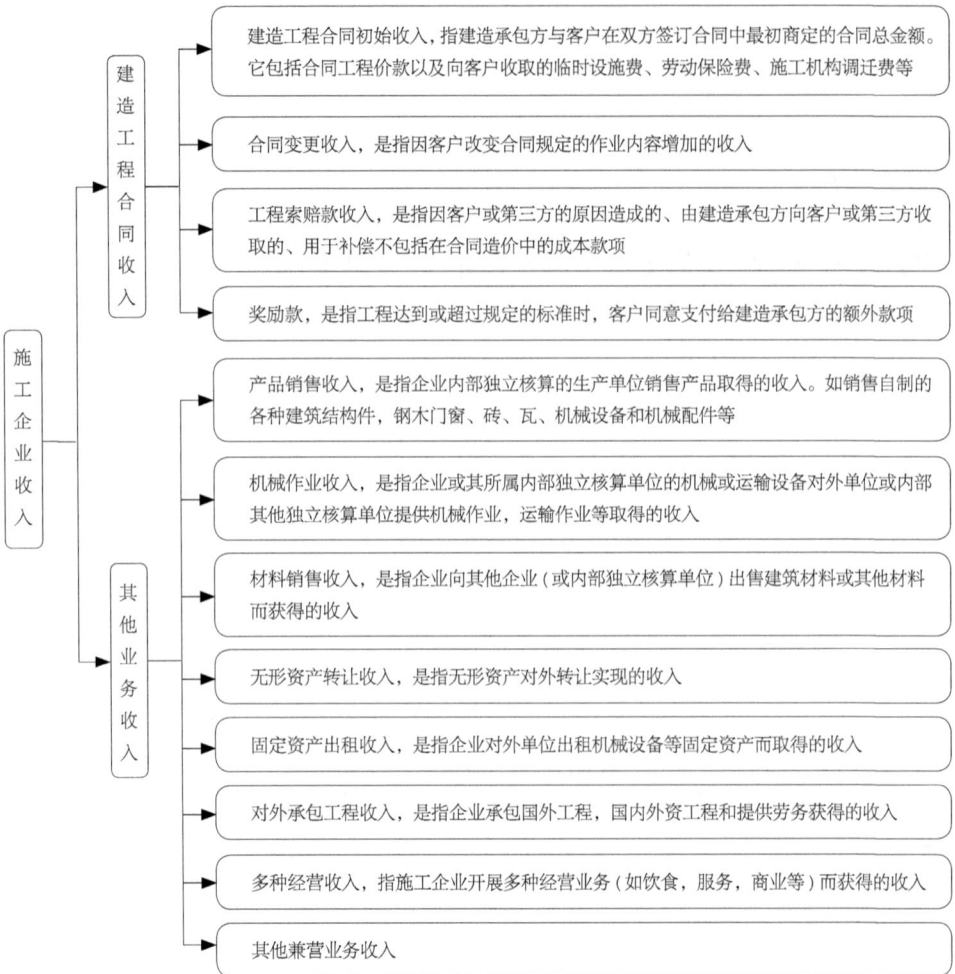

图 6-1　施工企业的收入包含的主要内容

6.2 建造合同收入的会计核算

知识链接 新修订的《企业会计准则第 14 号——收入》有什么新变化

（1）将现行收入和建造合同两项准则纳入统一的收入确认模型

修订后的《企业会计准则第 14 号——收入》（简称《收入准则》）采用统一的收入确认模型来规范所有与客户之间的合同产生的收入，并且就"在一段时间内"还是"在某一时点"确认收入提供具体指引，有助于更好地解决目前收入确认时点的问题，提高会计信息可比性。

（2）以控制权转移替代风险报酬转移作为收入确认时点的判断标准

修订后的收入准则打破了商品和劳务的界限，要求企业在履行合同中的履约义务，即客户取得相关商品（或服务）控制权时确认收入。

（3）对于包含多重交易安排的合同的会计处理提供更明确的指引

修订后的收入准则对包含多重交易安排的合同的会计处理提供了更明确的指引，要求企业在合同开始日对合同进行评估，识别合同所包含的各项履约义务，按照各项履约义务所承诺商品（或服务）的相对单独售价将交易价格分摊至各项履约义务，进而在履行各履约义务时确认相应的收入。

（4）对于某些特定交易（或事项）的收入确认和计量给出了明确规定

修订后的收入准则对于某些特定交易（或事项）的收入确认和计量给出了明确规定。例如，区分总额和净额确认收入、附有质量保证条款的销售、附有客户额外购买选择权的销售、向客户授予知识产权许可、售后回购、无需退还的初始费等，这些规定将有助于更好的指导实务操作，从而提高会计信息的可比性。

6.2.1 建造合同的概念及特征

建造合同的概念及特征见表 6-2。

表 6-2　建造合同的概念及特征

建造合同的概念	建造合同的特征
建造合同，是指为建造一项或数项在设计、技术、功能、最终用途等方面密切相关的资产而订立的合同。其中，所指资产主要包括房屋、道路、桥梁、水坝等建筑物以及船舶、飞机、大型机械设备等。由于本书主要针对建筑施工企业，如无特殊的说明，建造合同均指建造工程合同	（1）先有买主（即客户），后有标底（即资产），建造资产的造价在合同签订时就已经确定； （2）资产的建设周期长，一般都要跨越一个会计年度，有的长达数年； （3）所建造资产的体积大，造价高； （4）建造合同一般为不可撤销合同

6.2.2　建造合同的类型

建造合同一般分为两种类型，即固定造价合同和成本加成合同，如图 6-2 所示。

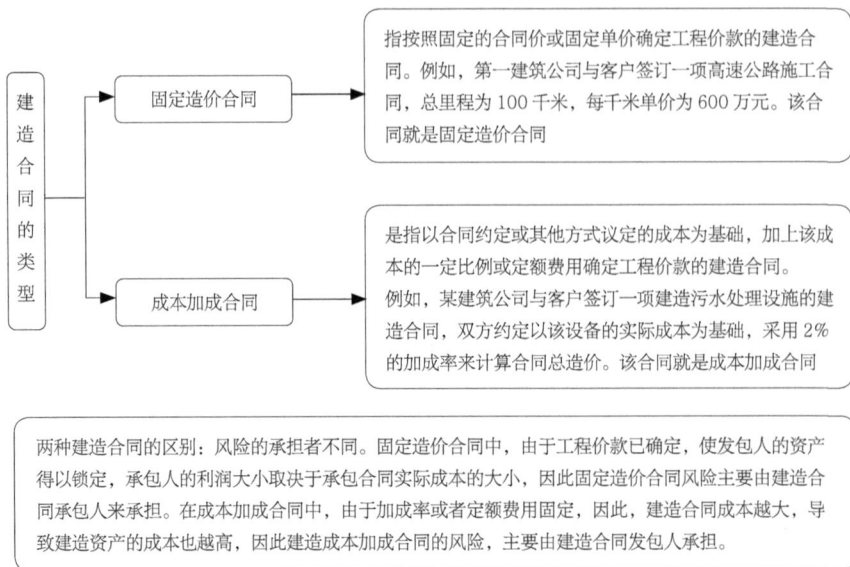

图 6-2　建造合同的类型

知识链接　　　　　　　施工合同

（1）定义

施工合同即建筑安装工程承包合同，是发包人和承包人为完成商定的建筑安装工程，明确相互权利、义务关系的合同。

（2）法律特征

①签订建设工程施工合同，必须以建设计划和具体建设设计文件已获得国家有关部门批准为前提。签订施工合同须以履行有关法定审批程序为前提。这是由于建设工程施工合同的标的物为建筑产品，需要占用土地，耗费大量的资源，属于国民经济建设的重要组成部分。凡是没有经过计划部门规划部门的批准，不能进行工程设计，建设行政主管部门不予办理报建手续及施工许可证，更不能组织施工。在施工过程中，如需变更原计划项目功能的，必须报经有关部门审核同意。

②承包人主体资格受到严格限制，建设工程施工合同的承包人，除了在经工商行政管理部门核准的经营范围内从事经营活动外，应当遵守企业资质等级管理的规定，不得越级承揽任务。

③签订及履行施工合同受到国家的严格监督管理。

国家对建设工程项目的发包实行招标投标制度。《中华人民共和国招标法》第三条规定：“中华人民共和国境内进行工程建设项目必须进行招标。”

第四条规定：“任何单位和个人不得将依法必须进行招标的项目化整为零或者以其他方式规避招标。

④建设工程施工合同实行备案制度。

订立书面合同后，中标人应当按照现行法规的要求，将合同送建设行政主管部门备案。

在施工过程中，各级政府建设工程质量监督管理部门还要对工程建设的质量进行全面监督。

6.2.3　合同收入的内容

合同收入包括合同规定的初始收入和因合同变更、索赔、奖励等形成的收入两部分。合同规定的初始收入，即建造承包商与业主在双方签订的合同中最初商定的合同总金额，它构成了合同收入的基本内容。因合同变更、索赔、奖励等形成的收入并不构成合同双方在签订合同时已在合同中商订的合同总金额，而是在执行合同过程中由于合同变更、索赔、奖励等原因而形成的追加收入。

合同变更是指客户为改变合同规定的作业内容而提出的调整；索赔款是指因客户或第三方原因造成的、向客户或第三方收取的、用于补偿不包括在合同造价中成本的款项；奖励款是指工程达到或超过规定的标准，客户同意支付的额外款项。

（一）初始收入

初始收入是指建造承包商与客户在双方签订的合同中最初商定的合同总金额。它构成了合同收入的基本内容。

（二）追加收入

追加收入是指因合同变更、索赔、奖励等形成的收入。这部分收入并不构成合同双方在签订合同时已经在合同中商定的合同总金额，而是在执行合同过程中由于合同变更、索赔、奖励等原因而形成的追加收入。建造承包商不能随意确认这部分收入，只有在符合规定条件时才能构成合同总收入。

追加收入具体包括的内容如表6-3所示。

表6-3　追加收入的具体内容及确认条件

追加收入的内容	对应的含义	确认的条件
合同变更收入	指客户为改变合同规定的作业内容而提出的调整。合同的变更可能会导致最初的合同总金额发生变化	（1）客户能够认可因变更而增加的收入； （2）收入能够可靠地计量
索赔款收入	指因客户或第三方的原因造成的、由建造承包商向客户或第三方收取的、用于补偿不包括在合同造价中的成本的款项	（1）根据谈判情况，预计对方能够同意这项索赔； （2）对方同意接受的金额能够可靠地计量
奖励款收入	指工程达到或超过规定的标准时，客户同意支付给建造承包商的额外款项	（1）根据目前合同完成情况，足以判断工程进度和工程质量能够达到或超过既定的标准； （2）奖励金额能够可靠地计量

6.3　建造合同收入与费用的账务处理

6.3.1　应设置的会计科目

施工企业应根据实施建造合同所发生的经济业务，准确、及时地登记合同发生的实际成本和已办理结算的工程价款及实际已收取的工程价款，并根据工程施工进展情况，准确地确定合同完工进度，计量和确认当期的合同收入和费用。如果建造合同预计发生亏损，应计提损失准备。对于上述会计事项，可通过表 6-4 所示会计科目进行账务处理。

表 6-4　建造合同的会计科目设置

应设置的科目			
合同履约成本		合同结算	
情况	会计核算	情况	会计核算
企业进行合同建造时发生的人工费、材料费、机械使用费以及施工现场材料的二次搬运费、生产工具和用具使用费、检验试验费、临时设施折旧费等其他直接费用	借记"合同履约成本——工程施工"科目，贷记"应付职工薪酬""原材料"等科目；发生的施工、生产单位管理人员职工薪酬、固定资产折旧费、财产保险费、工程保修费、排污费等间接费用，借记"合同履约成本——工程施工 (间接费用)"科目，贷记"累计折旧""银行存款"等科目。月末，将间接费用分配计入有关合同成本时，借记"合同履约成本——工程施工 (合同成本)"科目，贷记"合同履约成本——工程施工 (间接费用)"科目	企业向购买方办理工程价款结算时	按应结算的金额，借记"应收账款"等科目，贷记"合同结算——价款结算"科目。
根据建造合同准则确认合同收入、合同成本时	确认收入时，借记"合同结算——收入结转"科目，贷记"主营业务收入"科目； 借记"主营业务成本"科目，贷记"合同履约成本"科目	企业按完工进度等方法进行收入结转时	按应确认的收入金额，借记"合同结算——收入结转"科目，贷记"主营业务收入"科目

6.3.2 合同收入与合同费用的确认

（一）合同收入与合同费用确认的基本原则

合同收入与合同费用确认的基本原则如图6-3所示。

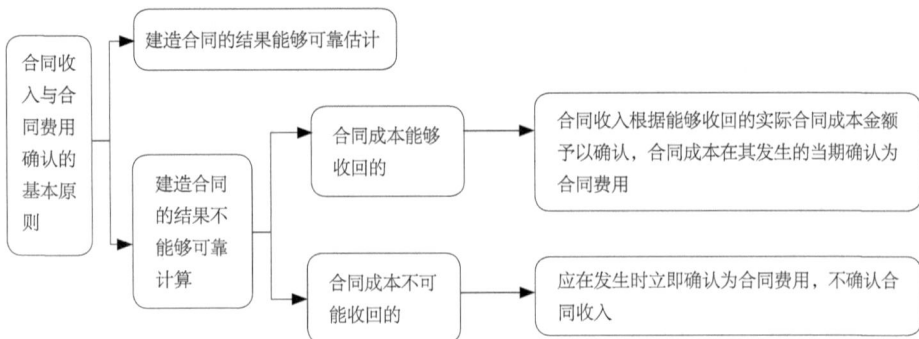

图6-3 合同收入与合同费用确认的基本原则

（二）结果能够可靠估计的建造合同

建造合同的结果能够可靠估计的，企业应根据完工百分比法在资产负债表日确认合同收入和合同费用。完工百分比法是根据合同完工进度确认合同收入和费用的方法。企业运用这种方法确认合同收入和费用，能为报表使用者提供有关合同进度及本期业绩的有用信息，体现了权责发生制的要求。

1. 建造合同的结果能够可靠估计的认定标准如图6-4所示。

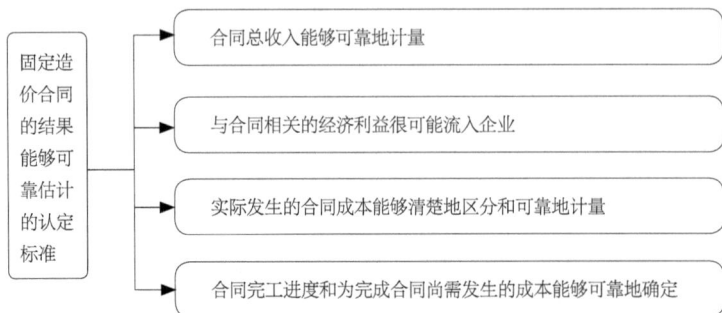

图6-4 建造合同的结果能够可靠估计的认定标准

成本加成合同的结果能够可靠估计的认定标准为：

（1）与合同相关的经济利益很可能流入企业；

（2）实际发生的合同成本能够清楚地区分和可靠地计量。

2.完工进度的确定。

合同完工进度的计算方法有三种，如表 6-5 所示。

表 6-5　合同完工进度的计算方法

计算合同完工进度的方法	相应内容
根据累计实际发生的合同成本占合同预计总成本的比例确定	该方法是确定合同完工进度比较常用的方法。计算公式如下： 合同完工进度 ＝ 累计实际发生的合同成本 ÷ 合同预计总成本 ×100% 累计实际发生的合同成本是指形成工程完工进度的工程实体和工作量所耗用的直接成本和间接成本，不包括与合同未来活动相关的合同成本（如施工中尚未安装、使用或耗用的材料成本），以及在分包工程的工作量完成之前预付给分包单位的款项（根据分包工程进度支付的分包工程进度款，应构成累计实际发生的合同成本）
根据已经完成的合同工作量占合同预计总工作量的比例确定	该方法适用于合同工作量容易确定的建造合同，如道路工程、土石方挖掘、砌筑工程等。计算公式如下： 合同完工进度 ＝ 已经完成的合同工作量 ÷ 合同预计总工作量 ×100%
根据实际测定的完工进度确定	该方法是在无法根据上述两种方法确定合同完工进度时所采用的一种特殊的技术测量方法，适用于一些特殊的建造合同，如水下施工工程等。需要注意的是，这种技术测量并不是由建造承包商自行随意测定，而应由专业人员现场进行科学测定

【例 6-1】合同收入的计算

建安公司签订了修建一条 100 千米高速公路的一项建造合同，合同规定的总金额为 6 000 万元，工期为 3 年。该公司第一年修建了 30 千米，第二年修建了 40 千米。根据上述资料，计算合同完工进度如下：

第一年合同完工进度 ＝ 30÷100×100% ＝ 30%

第二年合同完工进度 ＝（30+40）÷100×100% ＝ 70%

3.完工百分比法的运用。

确定建造合同的完整进度后，企业就可以根据完工百分比法确认和计量当期的合同收入和费用。当期确认的合同收入和费用可用下列公式计算：

当期确认的合同收入 = 合同总收入 × 完工进度 - 以前会计期间累计已确认的收入

当期确认的合同费用 = 合同预计总成本 × 完工进度 - 以前会计期间累计已确认的费用

当期确认的合同毛利 = 当期确认的合同收入 - 当期确认的合同费用

上述公式中的完工进度指累计完工进度。

对于当期完成的建造合同，企业应当将实际合同总收入扣除以前会计期间累计已确认收入后的金额，确认为当期合同收入；同时，将累计实际发生的合同成本扣除以前会计期间累计已确认费用后的金额，确认为当期合同费用。

【例6-2】依据完工百分比法核算合同收入

2×19年1月1日，泰山建筑公司与A公司签订一项大型设备建造工程合同。该合同规定，该工程的造价为6 300万元，工程期限为1年半，泰山建筑公司负责工程的施工及全面管理，A公司按照第三方工程监理公司确认的工程完工量，每半年与泰山建筑公司结算一次，预计2×20年6月30日竣工；预计可能发生的总成本为4 000万元。

假定该建造工程整体构成单项履约义务，并属于在某一时段履行的履约义务，泰山建筑公司采用成本法确定履约进度，提供建筑劳务的增值税税率为9%，不考虑其他相关因素。

2×19年6月30日，工程累计实际发生成本1 500万元，泰山建筑公司与A公司结算合同价款2 500万元，泰山建筑公司实际收到价款2 000万元；

2×19年12月31日，工程累计实际发生成本3 000万元，泰山建筑公司与A公司结算合同价款1 100万元，泰山建筑公司实际收到价款1 000万元；

2×20年6月30日，工程累计实际发生成本4 100万元，A公司与泰山建筑公司结算了合同竣工价款2 700万元，并支付剩余工程款3 300万元。

上述价款均不含增值税额。假定泰山建筑公司与A公司结算时即发生增值税纳税义务，A公司在实际支付工程价款的同时支付其对应的增值税款，建筑劳务的增值税税率为9%。泰山建筑公司的账务处理如下。

（1）2×19年1月1日至6月30日，实际发生工程成本时：

借：合同履约成本　　　　　　　　　　　　　　　　　15 000 000

  贷：原材料、应付职工薪酬等   15 000 000

（2）2×19 年 6 月 30 日：

完工百分比 =15 000 000÷40 000 000×100%=37.5%

合同收入 = 63 000 000×37.5%=23 625 000（元）

  借：合同结算——收入结转   23 625 000

    贷：主营业务收入   23 625 000

  借：主营业务成本   15 000 000

    贷：合同履约成本   15 000 000

  借：应收账款   27 250 000

    贷：合同结算——价款结算   25 000 000

      应交税费——应交增值税（销项税额）   2 250 000

  借：银行存款   21 800 000

    贷：应收账款   21 800 000

当日，"合同结算"科目的贷方余额为 137.5（2 500-2 362.5）万元，表明泰山建筑公司已经与客户结算但尚未履行履约义务的金额为 137.5 万元。由于泰山建筑公司预计该部分履约义务将在 2×19 年内完成，因此，应在资产负债表中作为合同负债列示。

（3）2×19 年 7 月 1 日至 12 月 31 日，实际发生工程成本时：

  借：合同履约成本   15 000 000

    贷：原材料、应付职工薪酬等   15 000 000

（4）2×19 年 12 月 31 日：

完工百分比 = 30 000 000÷40 000 000×100%=75%

合同收入 = 63 000 000×75%-23 625 000=23 625 000（元）

  借：合同结算——收入结转   23 625 000

    贷：主营业务收入   23 625 000

  借：主营业务成本   15 000 000

    贷：合同履约成本   15 000 000

  借：应收账款   11 990 000

    贷：合同结算——价款结算   11 000 000

      应交税费——应交增值税（销项税额）   990 000

  借：银行存款   10 900 000

  贷：应收账款   10 900 000

  当日，"合同结算"科目的借方余额为 1 125（2 362.5-1 100-137.5）万元，表明泰山建筑公司已经履行履约义务但尚未与客户结算的金额为 1 125 万元。由于该部分金额将在 2×20 年内结算，因此，应在资产负债表中作为合同资产列示。

  （5）2×20 年 1 月 1 日至 6 月 30 日，实际发生工程成本时：

  借：合同履约成本   11 000 000

    贷：原材料、应付职工薪酬等   11 000 000

  （6）2×20 年 6 月 30 日：

  由于当日该工程已竣工决算，其履约进度为 100%。

  合同收入 = 63 000 000-23 625 000-23 625 000=15 750 000（元）

  借：合同结算——收入结转   15 750 000

    贷：主营业务收入   15 750 000

  借：主营业务成本   11 000 000

    贷：合同履约成本   11 000 000

  借：应收账款   29 430 000

    贷：合同结算——价款结算   27 000 000

      应交税费——应交增值税（销项税额）   2 430 000

  借：银行存款   35 970 000

    贷：应收账款   35 970 000

  当日，"合同结算"科目的余额为零（1 125+1 575-2 700）。

（三）结果不能可靠估计的建造合同

  如果建造合同的结果不能可靠估计，则不能采用完工百分比法确认和计量合同收入和费用，而应针对表 6-6 所示的两种情况进行会计处理。

表 6-6 结果不能可靠估计的建造合同的会计处理

结果不能可靠估计的建造合同的会计处理	合同成本能够收回的	合同收入根据能够收回的实际合同成本予以确认，合同成本在其发生的当期确认为合同费用
	合同成本不可能收回的	应在发生时立即确认为合同费用，不确认合同收入

【例6-3】结果不能可靠估计的建造合同收入的会计核算

泰山建筑公司与客户签订了一项总金额为120万元的建造合同。第一年实际发生工程成本50万元，双方均能履行合同规定的义务，但建筑公司在年末时对该项工程的完工进度无法可靠确定。

（1）该公司不能采用完工百分比法确认收入。由于客户能够履行合同，当年发生的成本均能收回。所以该公司可将当年发生的成本金额同时确认为当年的收入和费用，当年不确认利润。

当年实际支付成本费用时，该公司的账务处理如下：

借：合同履约成本　　　　　　　　　　　　　　　500 000

　　贷：原材料、应付职工薪酬等　　　　　　　　　　　500 000

年末确认相关的收入成本时，该公司的账务处理如下：

借：合同结算　　　　　　　　　　　　　　　　　500 000

　　贷：主营业务收入　　　　　　　　　　　　　　　500 000

借：主营业务成本　　　　　　　　　　　　　　　500 000

　　贷：合同履约成本　　　　　　　　　　　　　　　500 000

（2）如果该公司当年与客户只办理价款结算30万元，其余款项可能无法收回，在这种情况下，该公司只能将30万元确认为当年的收入，将50万元确认为当年的费用。账务处理如下：

借：合同结算　　　　　　　　　　　　　　　　　300 000

　　贷：主营业务收入　　　　　　　　　　　　　　　300 000

借：主营业务成本　　　　　　　　　　　　　　　500 000

　　贷：合同履约成本　　　　　　　　　　　　　　　500 000

如果使建造合同的结果不能可靠估计的不确定因素不复存在，就不应该再按照上述规定确定合同收入和费用，而应转为按照完工百分比法确认合同收入和费用。

（3）如果到了第二年，完工进度无法可靠估计的不确定因素消除。第二年实际发生成本为30万元，预计为完成合同尚需发生的成本为20万元，则企业应该确认的合同收入和费用如下：

第二年合同完工进度 =(50+30)÷（50+30+20）×100%=80%

第二年确认的合同收入 =120×80%-30=66(万元)

第二年确认的合同成本 =(50+30+20)×80%-50=30(万元)

账务处理如下：

借：合同结算——收入结转   660 000

  贷：主营业务收入   660 000

借：主营业务成本   300 000

  贷：合同履约成本   300 000

（四）合同预计损失的处理

建造承包商正在建造的资产，类似于工业企业的在产品，性质上属于建造承包商的存货，期末应当对其进行减值测试。如果建造合同的预计总成本超过合同总收入，则形成合同预计损失，应提取损失准备，并确认为当期费用。合同完工时，将已提取的损失准备冲减合同费用。

【例6-4】合同预计损失的会计核算

泰山建筑公司签订了一项总金额为120万元的固定造价合同，最初预计总成本为100万元。第一年实际发生成本70万元。年末，预计为完成合同尚需发生成本55万元。该合同的结果能够可靠估计。该公司在年末应进行如下账务处理：

第一年合同完工进度 =70÷(70+55)×100%=56%

第一年确认的合同收入 =120×56%=67.2(万元)

第一年确认的合同费用 =(70+55)×56%=70 (万元)

第一年确认的合同毛利 =67.2-70=-2.8(万元)

第一年预计的合同损失 = [(70+55)-120] ×(1-56%)=2.2(万元)

6.4　工程价款结算

6.4.1　工程价款结算的方式

对于已完工程或竣工工程，施工企业应与发包单位结算工程价款。对于建筑安装工程价款的结算，施工企业一般可采用以下几种方式，如表6-7所示。

表 6-7 工程价款结算方式及会计处理

工程价款结算的方式	具体结算的处理
按月结算,即在月终按已完分部分项工程结算工程价款	施工企业在采用按月结算工程价款方式时,要先取得各月实际完成的工程数量,并按照工程预算定额中的工程直接费预算单价、间接费用定额和合同中采用利税率,计算出已完工程造价。实际完成的工程数量,由施工单位根据有关资料计算,并编制"已完工程月报表",然后按照发包单位编制"已完工程月报表",将各个发包单位的本月已完工程造价汇总反映。再根据"已完工程月报表"编制"工程价款结算账单",与"已完工程月报表"一起,分送发包单位和经办银行,据以办理结算
分段结算,即按工程形象进度划分的不同阶段(部位),分段结算工程价款	施工企业在采用分段结算工程价款方式时,要在合同中规定工程部位完工的月份,根据已完工程部位的工程数量计算已完工程造价,按发包单位编制"已完工程月报表"和"工程价款结算账单"
竣工后一次结算,即在单项工程或建设项目全部建筑安装工程竣工以后结算工程价款	对于实行完成合同后(竣工)一次结算工程价款办法的工程合同,施工企业应于合同完成、施工企业与客户进行工程价款结算时,确认工程结算收入,实现的收入额为承发包双方结算的合同价款总额

"工程价款结算账单"是办理工程价款结算的依据。工程价款结算账单中所列应收工程款应与随同附送的"已完工程月报表"中的工程造价相符,"工程价款结算账单"除了列明应收工程款外,还应列明应扣预收工程款、预收备料款、发包单位供给材料价款等应扣款项,算出本月实收工程款。

为了保证工程按期收尾竣工,工程在施工期间,不论工程长短,其结算工程款,一般不得超过承包工程价值的 95%,结算双方可以在 5% 的幅度内协商确定尾款比例,并在工程承包合同中订明。施工企业如已向发包单位出具履约保函或有其他保证,可以不留工程尾款。

6.4.2 工程结算收入的核算

(一)核算结算收入时应设立的会计科目

为了反映已完工程结算收入、工程结算成本和工程结算税金及附加,施工企业应设置表 6-8 所示的会计科目。

表 6-8　核算结算收入时应设立的会计科目

项目	主营业务收入	主营业务成本	税金及附加	应收账款——应收工程款
设置目的	用于核算企业承包工程实现的工程价款收入、向客户收取的各种索赔款，以及按照规定列作营业收入的临时设施费、劳动保险费、施工机构迁移费等其他款项	用于核算企业已完工程的实际成本	用于反映企业因从事建筑安装生产活动取得工程价款结算收入而按规定缴纳的城市维护建设税和教育费附加等	用于核算企业与客户办理工程价款结算时，按照工程合同规定应向其收取的工程价款和按照规定标准单独计算收取的临时设施费和劳动保险费
借贷科目	本科目贷方登记企业实现的工程价款收入和应向客户收取的临时设施费，劳动保险费及施工机构迁移费等其他款项；借方登记实现的工程价款转入"本年利润"科目的数额，转结后本账户应无余额	本科目借方登记本月办理已完工程价款结算的已完工程实际成本；贷方登记期末转入"本年利润"科目的数额，期末结转后无余额	本科目借方登记企业按规定计算出应缴纳的各种税金及附加费；贷方登记期末转入"本年利润"科目的数额，结转后本科目应无余额	本科目借方登记根据工程价款结算账单确定的工程价款和同工程价款一并向客户收取的临时设施费和劳动保险费；贷方登记收到的工程款，临时设施费，劳动保险费和根据工程合同规定扣还预收的工程款以及一定比例的预收备料款；余额在借方，反映尚未收到的应收工程款。本科目应按客户和工程合同进行明细分类核算

（二）核算工程结算收入时的账务处理

1.非竣工结算

非竣工结算就是定期结算。按照这种结算办法的规定，建筑安装企业可以向客户预收工程备料款和工程进度款。

【例6-5】非竣工结算

某施工企业承包一项工程，工期18个月，施工图预算造价1 200 000元，工程合同规定按合同造价的30%预付备料款，工程款月中预支，月末按进度结算增值税税率为9%。

（1）收到客户按合同规定拨付的预收备料款 360 000 元。分录如下：

借：银行存款　　　　　　　　　　　　　　　　　　　　360 000

　　贷：合同负债　　　　　　　　　　　　　　　　　　　　360 000

（2）本月月中开出"工程款预支账单"，向客户预收工程款 60 000 元，已存入银行。分录如下：

借：银行存款　　　　　　　　　　　　　　　　　　　　60 000

　　贷：合同负债　　　　　　　　　　　　　　　　　　　　60 000

（3）月末开出"工程价款结算账单"，向客户办理工程价款结算，本月完工价款 150 000 元。分录如下：

借：应收账款——应收工程款　　　　　　　　　　　　　163 500

　　贷：合同结算——价款结算　　　　　　　　　　　　　　150 000

　　　　应交税费——应交增值税（销项税额）　　　　　　　 13 500

（4）本月应扣还预收备料款 50 000 元，抵扣月中预收的工程款 60 000 元。分录如下：

借：合同负债　　　　　　　　　　　　　　　　　　　　110 000

　　贷：应收账款——应收工程款　　　　　　　　　　　　　110 000

（5）应另向发报单位收取临时设施费 5 000 元，劳动保险费 1 000 元。分录如下：

借：应收账款——应收工程款　　　　　　　　　　　　　6 540

　　贷：合同结算——价款结算　　　　　　　　　　　　　　6 000

　　　　应交税费——应交增值税（销项税额）　　　　　　　 540

（6）按规定税率计算并结转应交的城市维护建设税 982.8 元。分录如下：

借：税金及附加　　　　　　　　　　　　　　　　　　　982.8

　　贷：应交税费——应交城市维护建设税　　　　　　　　　982.8

（7）结转本月已办理结算工程的实际成本 96 000 元及确认收入 156 000。本题适用的城市维护建设税税率为 3%，（13 500+540）×3%=982.8，分录如下：

借：合同结算——收入结转　　　　　　　　　　　　　　156 000

　　贷：主营业务收入　　　　　　　　　　　　　　　　　　156 000

借：主营业务成本　　　　　　　　　　　　　　　　　　96 000

　　贷：合同履约成本　　　　　　　　　　　　　　　　　　96 000

（8）结转本月工程结算成本 96 000 元。分录如下：

借：本年利润   96 000

 贷：主营业成本   96 000

（9）结转本月工程结算收入156 000元。分录如下：

借：主营业务收入   156 000

 贷：本年利润   156 000

（10）收到客户46 000元的支票一张。分录如下：

借：银行存款   46 000

 贷：应收账款——应收工程款   46 000

2. 竣工结算

【例6-6】竣工结算

某施工企业年初承包一项工程，施工图预算造价500 000元。工程合同规定，按造价30%付备料款，其中20%由客户直接拨付水泥、钢材抵付备料款。工程价款竣工后一次性付款。

（1）收到发包合同规定拨付的备料款50 000元。分录如下：

借：银行存款   50 000

 贷：合同负债   50 000

（2）收到客户按规定拨付抵做备料款的水泥、钢材，预算价格为100 000元。该批钢材计划价格与预算价格相同。分录如下：

借：原材料——水泥、钢材   100 000

 贷：合同负债   100 000

（3）年末工程按期竣工交付使用，企业开出"工程价款结算账单"向客户结算工程价490 000元。分录如下：

借：应收账款——预收工程款（某单位） 534 100

 贷：合同结算——价款结算   490 000

   应交税费——应交增值税（销项税额） 44 100

（4）从应收款中扣还客户预收的备料款。分录如下：

借：合同负债   1 500 000

 贷：应收账款——应收工程款   1 500 000

（5）按工程价款收入计算并结转应交纳的增值税14 700元，城市维护建设税

3 087 元（44 100×7%）元。分录如下：

借：税金及附加　　　　　　　　　　　　　　　　3 087

　　贷：应交税费——应交城市维护建设税　　　　　　　　3 087

（6）结转该工程实际成本 380 000 元及收入 490 000。分录如下：

借：合同结算——收入结转　　　　　　　　　　　490 000

　　贷：主营业务收入　　　　　　　　　　　　　　　490 000

借：主营业务成本　　　　　　　　　　　　　　　380 000

　　贷：合同履约成本　　　　　　　　　　　　　　　380 000

（7）结转该项工程结转成本 380 000 元。分录如下：

借：本年利润　　　　　　　　　　　　　　　　　380 000

　　贷：主营业务成本　　　　　　　　　　　　　　　380 000

（8）结转该项工程结转收入 490 000 元。分录如下：

借：主营业务收入　　　　　　　　　　　　　　　490 000

　　贷：本年利润　　　　　　　　　　　　　　　　　490 000

（9）收到客户转账支付的工程价款 340 000 元。分录如下：

借：银行存款　　　　　　　　　　　　　　　　　340 000

　　贷：应收账款——应收工程款　　　　　　　　　　340 000

（10）用银行存款上交增值税 44 100 元和城市维护建设税 3 087 元。分录如下：

借：应交税费——应交增值税　　　　　　　　　　44 100

　　　　　　　——应交城市维护建设税　　　　　　3 087

　　贷：银行存款　　　　　　　　　　　　　　　　　47 187

3. 分包工程价款结算

施工企业承包的工程，除了自行施工外，往往还要将其中的一部分工程分包给外单位施工，相互之间发生的工程价款结算的核算举例如下。

【例 6-7】分包工程价款结算

企业根据预付备料款额度，通过银行向分包单位预付备料款 27 600 元时：

借：预付账款——预付分包备料款　　　　　　　　27 600

　　贷：银行存款　　　　　　　　　　　　　　　　　27 600

企业与发包单位办好手续，由发包单位拨给分包单位主要材料一批，计价 20 000 元，抵作预付备料款：

  借：预付账款——预付分包备料款   20 000

    贷：合同负债   20 000

  企业按工程分包合同规定，于月中根据工程进度预付给分包单位15 000元工程款：

  借：预付账款——预付分包工程款   15 000

    贷：银行存款   15 000

  月末，企业根据经审核的分包单位提交的"工程价款结算账单"结算应付已完工程款32 000元：

  借：工程施工或生产成本——工程施工成本   32 000

    贷：应付账款——应付分包工程款   32 000

  企业根据合同规定，从应付分包工程款中扣除预付的工程款15 000元和预付备料款2 000元：

  借：应付账款——应付分包工程款   17 000

    贷：预付账款——预付分包工程款   15 000

      预付账款——预付分包备料款   2 000

  从银行存款支付分包单位工程款15 000（32 000-17 000）元：

  借：应付账款——应付分包工程款   15 000

    贷：银行存款   15 000

6.5 其他业务收入的核算

6.5.1 其他业务收入的确认

  施工企业的其他业务收入一般包括产品销售收入、作业销售收入、材料销售收入和其他销售收入等。

（一）商品销售收入的确认

  根据《企业会计准则第14号——收入》最新规定，收入确认和计量大致分为五步：第一步，识别与客户订立的合同；第二步，识别合同中的单项履约义务；第三步，确定交易价格；第四步，将交易价格分摊至各单项履约义务；第五步，履行各单项履约义务时确认收入。其中，第一、二、五步主要与收入的确认有关，第三、四步主要与收入的计量有关。

进行收入确认时，企业与客户之间的合同同时满足下列条件的，企业应当在客户取得相关商品控制权时确认收入：（1）合同各方已批准该合同并承诺将履行各自义务；（2）该合同明确了合同各方与所转让的商品（或提供的服务，以下简称转让的商品）相关的权利和义务；（3）该合同有明确的与所转让的商品相关的支付条款；（4）该合同具有商业实质，即履行该合同将改变企业未来现金流量的风险、时间分布或金额；（5）企业因向客户转让商品而有权取得的对价很可能收回。

（二）提供劳务交易结果能够可靠估计的条件

如果劳务是在同一会计年度开始并完成，应在完成劳务时确认。如果劳务的开始和完成分属于不同的会计年度，则企业应在提供劳务交易结果能够可靠估计的情况下，按完成百分比法确认营业收入。提供劳务交易的结果能够可靠估计，是指同时满足下列条件。

1. 收入的金额能够可靠地计量，是指提供劳务收入的总额能够合理地估计；

2. 相关的经济利益很可能流入企业，是指提供劳务收入总额收回的可能性大于不能收回的可能性；

3. 交易的完工进度能够可靠地确定，是指交易的完工进度能够合理地估计。企业确定提供劳务交易的完工进度；

4. 交易中已发生和将发生的成本能够可靠地计量，是指交易中已经发生和将要发生的成本能够合理地估计。

（三）让渡资产使用权取得收入的确认

施工企业出租机器设备的业务属于让渡资产使用权，让渡资产使用权收入主要包括两类，即利息收入和使用费收入。企业对外出租资产收取的租金、进行债权投资收取的利息、进行股权投资取得的股利，也属于让渡资产使用权形成的收入。

让渡资产使用权收入同时满足下列条件的，才能予以确认：一是相关的经济利益很可能流入企业；二是收入的金额能够可靠地计量。

6.5.2　其他业务收入的核算

施工企业的其他销售收入业务应通过"其他业务收入"和"其他业务成本"科目进行核算。为了分别反映产品销售、作业销售、材料销售和其他销售的销售收入和销售成本、销售税金，企业应在"其他业务收入"科目下设置"产品销售收入""作业销售收入""材料销售收入"等二级科目；在"其他业务成本"科目下设置"产品销售支出""作业销售支出""材料销售支出"等二级科目分别进行核算。

（一）产品销售核算

施工企业附属工业企业销售产品实现的销售收入及发生的销售成本和销售税金支出，通过"其他业务收入——产品销售收入"和"其他业务成本——产品销售支出"科目核算。

【例 6-8】产品销售收入的会计核算

泰山建筑工程公司所属水泥搅拌站销售水泥 100 吨，每吨售价 400 元，实际成本为每吨 260 元。销售建材的增值税税率为 13%。

（1）收到货款时，分录如下：

借：银行存款 45 200

贷：其他业务收入——产品销售收入 40 000

应交税费——应交增值税（销项税额） 5 200

（2）结转成本时，分录如下：

借：其他业务成本——产品销售支出 26 000

贷：库存商品 26 000

（3）结转应交城市维护建设税和教育费附加，分录如下：

借：其他业务成本——产品销售支出 520

贷：应交税费——应交城市维护建设税 364

| | ——应交教育费附加 | | 156 |

（4）月份终了，应将"其他业务收入——产品销售收入""其他业务成本——产品销售支出"科目的余额，分别转入"本年利润"科目的贷方和借方。分录如下：

借：其他业务收入	40 000
贷：本年利润	40 000
借：本年利润	26 360
贷：其他业务成本	26 360

(二) 作业销售收入的核算

施工企业为其他企业提供机械、运输作业时发生的销售收入、销售成本、税金，应通过"其他业务收入——作业销售收入"和"其他业务成本——销售支出"科目核算。

【例 6-9】作业销售收入的会计核算

泰山建筑工程公司出动一台铲车和三辆载重汽车给其他施工企业清运砂石，应收价款 10 000 元，增值税税率为 9%，应交增值税 900 元，应交城市维护建设税 63 元，应交教育费附加 27 元。按规定台班成本标准，应结转的作业成本为 8 000 元。

（1）收到作业收入 10 000 元时，分录如下：

借：银行存款	10 900
贷：其他业务收入——作业销售收入	10 000
应交税费——应交增值税（销项税额）	900

（2）结转机械对外作业成本，分录如下：

| 借：其他业务成本——作业销售支出 | 8 000 |
| 贷：机械作业 | 8 000 |

（3）结转应交税费及教育费附加，分录如下：

借：其他业务成本——作业销售支出	90
贷：应交税费——应交城市维护建设税	63
应交教育费附加	27

(三) 材料销售的核算

施工企业应按对外销售材料所发生的收入，借记"银行存款"、"应收账款”等科目，贷记“其他业务收入——材料销售收入”科目。结转销售材料的实际成本时，借记“其他业务成本——材料销售支出”科目，贷记“原材料”“材料成本差异”等科目；应交的城市维护建设税和教育费附加，应借记“其他业务成本——材料销售支出”，贷记“应交税费——应交城市维护建设税”“应交税费——应交教育费附加”等。

【例6-10】销售材料时的会计核算

泰山建筑工程公司将本公司剩余的一批地砖对外销售。这批地砖的实际成本为20 000元。该公司对材料按照实际成本法进行核算，获得销售款30 000元，货款收到并存入开户银行，销售建材的增值税税率为13%。

（1）收到材料销售货款时，分录如下：

借：银行存款　　　　　　　　　　　　　　　　　　33 900
　　贷：其他业务收入——材料销售收入　　　　　　　30 000
　　　　应交税费——应交增值税（销项税额）　　　　 3 900

（2）结转材料实际成本，分录如下：

借：其他业务成本——材料销售支出　　　　　　　　 20 000
　　贷：原材料——主要材料　　　　　　　　　　　　 20 000

（3）该销售业务需要缴纳城市维护建设税共计189元，应交教育费附加81元。

分录如下：

借：其他业务成本——材料销售支出　　　　　　　　　 390
　　贷：应交税费——应交城市维护建设税　　　　　　　273
　　　　　　　　——应交教育费附加　　　　　　　　　117

（四）其他销售的核算

施工企业向其他企业提供技术服务、转让技术时，按取得的收入，借记“银行存款”科目，贷记“其他业务收入——技术服务收入”和“其他业务收入——无形资产转让收入”科目。施工企业应按所提供的技术服务和技术转让的成本及应交税费，借记“其他业务成本——技术服务支出”“其他业务成本无形资产转让支出”科目，贷记“应交税费——应交城市维护建设税”“应交税费——应交教育费附加”等科目。

施工企业向其他企业出租机械、设备时，按所取得的收入，借记"银行存款"，"应收账款"等科目，贷记"其他业务收入——机械设备出租收入"科目。因出租机械、设备所发生的各项费用，借记"机械作业——机械出租"，贷记"累计折旧"等。月终转出出租机械设备的实际成本和应交税费——城市维护建设税，教育费附加时，应借记"其他业务成本——机械设备出租支出"，贷记"机械作业——机械出租""应交税费——应交城市维护建设税——应交教育费附加"等科目。

第7章
四张表，看懂房企的来龙去脉——财务会计报告

  财务会计报告是会计人员工作的最终成果体现。财务会计报告主要包括资产负债表、利润表、现金流量表、所有者权益变动表四大会计报表和会计报表附注。会计报表作为企业财务状况及经营状况的晴雨表，是人们进行财务会计分析的基础和重要资料，也是纳税评估的出发点和落脚点。它能向投资者、监管部门及公司管理层提供与公司经营发展相关的较全面的信息。因此，会计报表是会计学习的重中之重。

7.1 财务会计报告概述

7.1.1 财务会计报告及其编制目的

  财务会计报告是指企业对外提供的反映企业某一特定日期的财务状况和某一会计期间的经营成果、现金流量等会计信息的文件。财务会计报告包括会计报表及其附注和其他应当在财务会计报告中披露的相关信息和资料。

  企业编制财务会计报告的目的是向财务会计报告的使用者提供与企业财务状况、经营成果和现金流量等有关的会计信息，反映企业管理层受托责任履行情况，有助于财务会计报告的使用者做出经济决策。财务会计报告的使用者通常包括投资者、债权人、政府等。

7.1.2　财务会计报告的组成

财务会计报表是对企业财务状况、经营成果和现金流量的结构性表述。一套完整的财务会计报表至少应当包括资产负债表、利润表、现金流量表、所有者权益（或股东权益）变动表以及附注。小企业编制的会计报表不包括现金流量表。

资产负债表、利润表和现金流量表分别从不同角度反映企业的财务状况、经营成果和现金流量。资产负债表反映企业一定时期所拥有的资产、需偿还的债务以及股东（投资者）拥有的净资产情况；利润表反映企业一定期间的经营成果即利润或亏损的情况，表明企业运用所拥有的资产的获利能力；现金流量表反映企业在一定会计期间现金和现金等价物流入和流出的情况。

所有者权益变动表反映构成所有者权益的各组成部分当期的增减变动情况。企业的净利润及其分配情况是所有者权益变动的组成部分，相关信息已经在所有者权益变动表及其附注中反映，企业不需要再单独编制利润分配表。

附注是会计报表不可或缺的组成部分，是对在报表中列示项目的文字描述或明细资料，以及对未能在这些报表中列示项目的说明等。

7.1.3　会计报表的编制要求

会计报表的编制要求详见表 7-1。

表 7-1　会计报表的编制要求

基本要求	数字真实，计算准确	内容完整	编报及时
具体内容	能够真实、准确地反映企业的财务状况和经营成果，所以会计报表中各项目的数字必须以核对无误的账簿记录和其他资料填写，不得用预计数字、估计数字代替真实数字，更不得弄虚作假、伪造报表数字，同时还要对会计报表中各项目的金额采用正确计算方法，确保计算结果的准确。为了保证数字真实、准确，在编制会计报表时，企业要根据程度按期结账、认真对账和财产清查，使会计账簿所有记录准确无误	会计信息的内容必须全面、系统地反映出企业经营活动的全部情况，为此要求企业必须按规定的报表种类、格式和内容来编制，不得漏编漏报，对不同会计期间应编报的各种会计报表，都必须填列完整；同时要求企业在每种会计报表中应填写的各项指标，不论是表内项目还是表外补充资料，都必须填列齐全，对某些不便列入报表的重要资料，应在括号内说明或以附注等形式加以说明	如果会计信息的报告期被不适当地拖延，即使是最真实、最完整的会计报表也将失去其效用。所以，会计报表必须按照规定的期限和程序，及时编制、及时报送。月份会计报表应于月份终了后 6 天内报出；季度报告应于季度终了后 15 天内报出；中报应于年度中期结束后 60 天内报出；年度会计报表应于年度终了后 4 个月内报出。法律、法规另有规定者，从其规定

　　为了保证会计报表及时报送，各企业应当科学地组织日常核算工作，认真做好记账、算账、对账和按期结账等工作。

7.2　资产负债表

7.2.1　资产负债表概述

　　资产负债表是指反映企业在某一特定日期的财务状况的报表。资产负债表主要反映资产、负债和所有者权益三方面的内容，并满足"资产 = 负债 + 所有者权益"平衡式。

7.2.2　资产负债表的结构

我国企业的资产负债表采用账户式结构。账户式资产负债表分左右两方。左方为资产项目，大体按资产的流动性大小排列，流动性大的资产如"货币资金""交易性金融资产"等排在前面，流动性小的资产如"长期股权投资""固定资产"等排在后面。右方为负债及所有者权益项目，一般按要求清偿时间的先后顺序排列，"短期借款""应付票据""应付账款"等需要在一年以内或者长于一年的一个正常营业周期内偿还的流动负债排在前面，"长期借款"等在一年以上才需偿还的非流动负债排在中间，在企业清算之前不需要偿还的所有者权益项目排在后面。

账户式资产负债表中的资产各项目的合计等于负债和所有者权益各项目的合计，即资产负债表左方和右方平衡。因此，账户式资产负债表可以反映资产、负债、所有者权益之间的内在关系，即"资产 = 负债 + 所有者权益"。

7.2.3　资产负债表的编制

（一）资产负债表项目的填列方法

资产负债表各项目均需填列"年初余额"和"期末余额"两栏。其中"年初余额"栏内各项数字，应根据上年年末资产负债表的"期末余额"栏内所列数字填列。"期末余额"栏主要有以下几种填列方法。

1. 根据总账科目余额填列。比如，"交易性金融资产""短期借款""应付票据"等项目，根据"交易性金融资产""短期借款""应付票据"各总账科目的余额直接填列；有些项目则需根据几个总账科目的期末余额计算填列，如"货币资金"项目，需根据"库存现金""银行存款""其他货币资金"三个总账科目的期末余额的合计数填列。

2. 根据明细账科目的余额计算填列。比如，"应付账款"项目需要根据"应付账款"和"预付款项"两个科目所属的相关明细科目的期末贷方余额计算填列；"应收账款"项目，需要根据"应收账款"和"预收款项"两个科目所属的相关明细科目的期末借方余额计算填列。

3. 根据总账科目和明细账科目余额分析计算填列。比如，"长期借款"项目需要根据"长期借款"总账科目余额扣除"长期借款"科目所属的明细科目中将在一年内到期且企业不能自主地将清偿义务展期的长期借款后的金额计算填列。

4. 根据有关科目余额减去其备抵科目余额后的净额填列。比如，在资产负债表中，"应收票据""应收账款""长期股权投资""在建工程"等项目应当根据"应收票据""应收账款""长期股权投资""在建工程"等科目的期末余额减去"坏账准备""长期股权投资减值准备""在建工程减值准备"等科目余额后的净额填列；"投资性房地产""固定资产"项目，应当根据"投资性房地产""固定资产"科目的期末余额减去"投资性房地产累计折旧""累计折旧""投资性房地产减值准备""固定资产减值准备"备抵科目的余额后的净额填列；"无形资产"项目应当根据"无形资产"科目的期末余额减去"累计摊销""无形资产减值准备"备抵科目的余额后的净额填列。

5. 综合运用上述填列方法分析填列。比如，资产负债表中的"存货"项目，需要根据"原材料""委托加工物资""周转材料""材料采购""在途物资""发出商品""材料成本差异"等总账科目的期末余额的分析汇总数，再减去"存货跌价准备"科目余额后的净额填列。

（二）资产负债表项目的填列说明

主要项目的填列说明如下。

1. "货币资金"项目，反映企业库存现金、银行结算户存款、外埠存款、银行汇票存款、银行本票存款、信用卡存款、信用证保证金存款等的合计数。本项目应根据"库存现金""银行存款""其他货币资金"科目期末余额的合计数填列。

2. "交易性金融资产"项目，反映资产负债表日企业分类为以公允价值计量且其变动计入当期损益的金融资产，以及企业持有的指定为以公允价值计量且其变动计入当期损益的金融资产的期末账面价值。该项目应根据"交易性金融资产"科目的相关明细科目的期末余额分析填列。自资产负债表日起超过一年到期且预期持有超过一年的以公允价值计量且其变动计入当期损益的非流动金融资产的期末账面价值，在"其他非流动金融资产"项目反映。

3. "应收票据"项目，反映资产负债表日以摊余成本计量的、企业因销售商品、提供服务等收到的商业汇票，包括银行承兑汇票和商业承兑汇票。该项目应根据"应收票据"科目的期末余额，减去"坏账准备"科目中相关坏账准备的期末余额后的金额分析填列。

4. "应收账款"项目，反映资产负债表日以摊余成本计量的、企业因销售商品、提供服务等经营活动应收取的款项。该项目应根据"应收账款"科目的期末余额，减去"坏账准备"科目中相关坏账准备的期末余额后的金额分析填列。

5. "应收款项融资"项目，反映资产负债表日以公允价值计量且其变动计入其他综合收益的应收票据和应收账款等。

6. "预付款项"项目，反映企业按照购货合同规定预付给供应单位的款项等。本项目应根据"预付账款"和"应付账款"科目所属各明细科目的期末借方余额合计数，减去"坏账准备"科目中有关预付款项计提的坏账准备的期末余额后的金额填列。如"预付账款"科目所属明细科目期末有贷方余额的，应在资产负债表"应付账款"项目内填列。

7. "其他应收款"项目，应根据"应收利息""应收股利"和"其他应收款"科目的期末余额合计数，减去"坏账准备"科目中相关坏账准备期末余额后的金额填列。其中的"应收利息"仅反映相关金融工具已到期可收取但于资产负债表日尚未收到的利息。基于实际利率法计提的金融工具的利息应包含在相应金融工具的账面余额中。

8. "存货"项目，反映企业期末各种存货的可变现净值。房地产开发企业的存货是指企业在日常活动中持有的以备出售的开发产品，处在开发过程中的在建开发产品、在开发过程或提供劳务过程中耗用的材料、物资、设备等。房地产开发企业的存货主要包括各类材料、库存设备、低值易耗品、委托加工物资、在建开发产品、已完工待售开发产品、周围房等、存货属于企业的流动资产。

9."持有待售资产"项目，反映资产负债表日划分为持有待售类别的非流动资产及划分为持有待售类别的处置组中的流动资产和非流动资产的期末账面价值。该项目应根据"持有待售资产"科目的期末余额减去"持有待售资产减值准备"科目的期末余额后的金额填列。

10."一年内到期的非流动资产"项目，通常反映预计自资产负债表日起一年内变现的非流动资产。对于按照相关会计准则采用折旧（或摊销、折耗）方法进行后续计量的固定资产、使用权资产、无形资产和长期待摊费用等非流动资产，折旧（或摊销、折耗）年限（或期限）只剩一年或不足一年的，或预计在一年内（含一年）进行折旧（或摊销、折耗）的部分，不得归类为流动资产，仍在各该非流动资产项目中填列，不转入"一年内到期的非流动资产"项目。

11. "债权投资"项目，反映资产负债表日企业以摊余成本计量的长期债权投资的期末账面价值。该项目应根据"债权投资"科目的相关明细科目期末余额，减去"债权投资减值准备"科目中相关减值准备的期末余额后的金额分析填列。自资产负债表日起一年内到期的长期债权投资的期末账面价值，在"一年内到期的非流动资产"项目反映。企业购入的以摊余成本计量的一年内到期的债权投资的期末账面价值，在"其他流动资产"项目中反映。

12."其他债权投资"项目，反映资产负债表日企业分类为以公允价值计量且其变动计入其他综合收益的长期债权投资的期末账面价值。该项目应根据"其他债权投资"科目的相关明细科目的期末余额分析填列。自资产负债表日起一年内到期的长期债权投资的期末账面价值，在"一年内到期的非流动资产"项目反映。企业购入的以公允价值计量且其变动计入其他综合收益的一年内到期的债权投资的期末账面价值，在"其他流动资产"项目反映。

13."长期股权投资"项目，反映企业持有的对子公司、联营企业和合营企业的长期股权投资。本项目应根据"长期股权投资"科目的期末余额，减去"长期股权投资减值准备"科目的期末余额后的金额填列。

14."其他权益工具投资"项目，反映资产负债表日企业指定为以公允价值计量且其变动计入其他综合收益的非交易性权益工具投资的期末账面价值。该项目应根据"其他权益工具投资"科目的期末余额填列。

15."固定资产"项目，反映资产负债表日企业固定资产的期末账面价值和企业尚未清理完毕的固定资产清理净损益。该项目应根据"固定资产"科目的期末余额，减去"累计折旧"和"固定资产减值准备"科目的期末余额后的金额，以及"固定资产清理"科目的期末余额填列。

16."在建工程"项目，反映资产负债表日企业尚未达到预定可使用状态的在建工程的期末账面价值和企业为在建工程准备的各种物资的期末账面价值。该项目应根据"在建工程"科目的期末余额，减去"在建工程减值准备"科目的期末余额后的金额，以及"工程物资"科目的期末余额，减去"工程物资减值准备"科目的期末余额后的金额填列。

17. "使用权资产"项目，反映资产负债表日承租人企业持有的使用权资产的期末账面价值。该项目应根据"使用权资产"科目的期末余额，减去"使用权资产累计折旧"和"使用权资产减值准备"科目的期末余额后的金额填列。

18."无形资产"项目，反映企业持有的无形资产，包括专利权、非专利技术、商标权、著作权、土地使用权等。本项目应根据"无形资产"科目的期末余额，减去"累计摊销"和"无形资产减值准备"科目期末余额后的金额填列。

19."开发支出"项目，反映企业开发无形资产过程中能够资本化形成无形资产成本的支出部分。本项目应当根据"研发支出"科目中所属的"资本化支出"明细科目期末余额填列。

20."长期待摊费用"项目，反映企业已经发生但应由本期和以后各期负担的分摊期限在一年以上的各项费用。长期待摊费用中在一年内（含一年）摊销的部分，在资产负债表"一年内到期的非流动资产"项目填列。本项目应根据"长期待摊费用"科目的期末余额减去将于一年内（含一年）摊销的数额后的金额填列。

21. "其他非流动资产"项目，反映企业除长期股权投资、固定资产、在建工程、工程物资、无形资产等以外的其他非流动资产。本项目应根据有关科目的期末余额填列。

22. "短期借款"项目，反映企业向银行或其他金融机构等借入的期限在一年以下（含一年）的各种借款。本项目应根据"短期借款"科目的期末余额填列。

23. "交易性金融负债"项目，反映资产负债表日企业承担的交易性金融负债，以及企业持有的指定为以公允价值计量且其变动计入当期损益的金融负债的期末账面价值。该项目应根据"交易性金融负债"科目的相关明细科目的期末余额填列。

24. "应付票据"项目，反映资产负债表日以摊余成本计量的、企业因购买材料、商品和接受服务等开出、承兑的商业汇票，包括银行承兑汇票和商业承兑汇票。该项目应根据"应付票据"科目的期末余额填列。

25. "应付账款"项目，反映资产负债表日以摊余成本计量的、企业因购买材料、商品和接受服务等经营活动应支付的款项。该项目应根据"应付账款"和"预付账款"科目所属的相关明细科目的期末贷方余额合计数填列。

26. "预收款项"项目，核算企业按照合同规定或交易双方之约定，而向购买单位或接受劳务的单位在未发出商品或提供劳务时预收的款项。本项目应根据"预收账款"和"应收账款"科目所属各明细科目的期末贷方余额合计数填列。如"预收账款"科目所属明细科目期末有借方余额的，应在资产负债表"应收账款"项目内填列。

27. "应付职工薪酬"项目，反映企业根据有关规定应付给职工的工资、职工福利、社会保险费、住房公积金、工会经费、职工教育经费、非货币性福利、辞退福利等各种薪酬。外商投资企业按规定从净利润中提取的职工奖励及福利基金，也在本项目列示。

28. "应交税费"项目，反映企业按照税法规定计算应交纳的各种税费，包括增值税、消费税、所得税、资源税、土地增值税、城市维护建设税、房产税、土地使用税、车船税、教育费附加、矿产资源补偿费等。企业代扣代交的个人所得税，也通过本项目列示。企业所交纳的税金不需要预计应交数的，如印花税、耕地占用税等，不在本项目列示。本项目应根据"应交税费"科目的期末贷方余额填列；如"应交税费"科目的期末为借方余额，应以"—"号填列。

29."其他应付款"项目，应根据"应付利息""应付股利"和"其他应付款"科目的期末余额合计数填列。其中的"应付利息"仅反映相关金融工具已到期应支付但于资产负债表日尚未支付的利息。基于实际利率法计提的金融工具的利息应包含在相应金融工具的账面余额中。

30. "持有待售负债"项目，反映资产负债表日处置组中与划分为持有待售类别的资产直接相关的负债的期末账面价值。该项目应根据"持有待售负债"科目的期末余额填列。

31."一年内到期的非流动负债"项目，反映企业非流动负债中将于资产负债表日后一年内到期部分的金额，如将于一年内偿还的长期借款。本项目应根据有关科目的期末余额填列。

32."长期借款"项目，反映企业向银行或其他金融机构借入的期限在一年以上（不含一年）的各项借款。本项目应根据"长期借款"科目的期末余额填列。

33."应付债券"项目，反映企业为筹集长期资金而发行的债券本金和利息。本项目应根据"应付债券"科目的期末余额填列。

34. "租赁负债"项目，反映资产负债表日承租人企业尚未支付的租赁付款额的期末账面价值。该项目应根据"租赁负债"科目的期末余额填列。自资产负债表日起一年内到期应予以清偿的租赁负债的期末账面价值，在"一年内到期的非流动负债"项目反映。

35. "长期应付款"项目，反映资产负债表日企业除长期借款和应付债券以外的其他各种长期应付款项的期末账面价值。该项目应根据"长期应付款"科目的期末余额，减去相关的"未确认融资费用"科目的期末余额后的金额，以及"专项应付款"科目的期末余额填列。

36. "递延收益"项目中摊销期限只剩一年或不足一年的，或预计在一年内（含一年）进行摊销的部分，不得归类为流动负债，仍在该项目中填列，不转入"一年内到期的非流动负债"项目。

37. "其他非流动负债"项目，反映企业除长期借款、应付债券等项目以外的其他非流动负债。本项目应根据有关科目的期末余额填列。其他非流动负债项目应根据有关科目期末余额减去将于一年内（含一年）到期偿还数后的余额填列。非流动负债各项目中将于一年内（含一年）到期的非流动负债，应在"一年内到期的非流动负债"项目内单独反映。

38. "合同资产"和"合同负债"项目。企业应按照《企业会计准则第14号——收入》的相关规定，根据本企业履行履约义务与客户付款之间的关系在资产负债表中列示合同资产或合同负债。"合同资产"项目、"合同负债"项目，应分别根据"合同资产"科目、"合同负债"科目的相关明细科目的期末余额分析填列，同一合同下的合同资产和合同负债应当以净额列示，其中净额为借方余额的，应当根据其流动性在"合同资产"或"其他非流动资产"项目中填列，已计提减值准备的，还应减去"合同资产减值准备"科目中相关的期末余额后的金额填列；其中净额为贷方余额的，应当根据其流动性在"合同负债"或"其他非流动负债"项目中填列。

由于同一合同下的合同资产和合同负债应当以净额列示，企业也可以设置"合同结算"科目（或其他类似科目），以核算同一合同下属于在某一时段内履行履约义务涉及与客户结算对价的合同资产或合同负债，并在此科目下设置"合同结算——价款结算"科目反映定期与客户进行结算的金额，设置"合同结算——收入结转"科目反映按履约进度结转的收入金额。资产负债表日，"合同结算"科目的期末余额在借方的，根据其流动性在"合同资产"或"其他非流动资产"项目中填列；期末余额在贷方的，根据其流动性在"合同负债"或"其他非流动负债"项目中填列。

39. 按照《企业会计准则第 14 号——收入》的相关规定确认为资产的合同取得成本，应当根据"合同取得成本"科目的明细科目初始确认时摊销期限是否超过一年或一个正常营业周期，在"其他流动资产"或"其他非流动资产"项目中填列，已计提减值准备的，还应减去"合同取得成本减值准备"科目中相关的期末余额后的金额填列。

40. 按照《企业会计准则第 14 号——收入》的相关规定确认为资产的合同履约成本，应当根据"合同履约成本"科目的明细科目初始确认时摊销期限是否超过一年或一个正常营业周期，在"存货"或"其他非流动资产"项目中填列，已计提减值准备的，还应减去"合同履约成本减值准备"科目中相关的期末余额后的金额填列。

41. 按照《企业会计准则第 14 号——收入》的相关规定确认为资产的应收退货成本，应当根据"应收退货成本"科目是否在一年或一个正常营业周期内出售，在"其他流动资产"或"其他非流动资产"项目中填列。

42. 按照《企业会计准则第 14 号——收入》的相关规定确认为预计负债的应付退货款，应当根据"预计负债"科目下的"应付退货款"明细科目是否在一年或一个正常营业周期内清偿，在"其他流动负债"或"预计负债"项目中填列。

43. 企业按照《企业会计准则第 22 号——金融工具确认和计量》的相关规定对贷款承诺、财务担保合同等项目计提的损失准备，应当在"预计负债"项目中填列。

44. "实收资本（或股本）"项目，反映企业各投资者实际投入的资本（或股本）总额。本项目应根据"实收资本（或股本）"科目的期末余额填列。

45. "其他权益工具"项目，反映资产负债表日企业发行在外的除普通股以外分类为权益工具的金融工具的期末账面价值。对于资产负债表日企业发行的金融工具，分类为金融负债的，应在"应付债券"项目填列，对于优先股和永续债，还应在"应付债券"项目下的"优先股"项目和"永续债"项目分别填列；分类为权益工具的，应在"其他权益工具"项目填列，对于优先股和永续债，还应在"其他权益工具"项目下的"优先股"项目和"永续债"项目分别填列。

46."资本公积"项目，反映企业资本公积的期末余额。本项目应根据"资本公积"科目的期末余额填列。

47."专项储备"项目，反映高危行业企业按国家规定提取的安全生产费的期末账面价值。该项目应根据"专项储备"科目的期末余额填列。

48."盈余公积"项目，反映企业盈余公积的期末余额。本项目应根据"盈余公积"科目的期末余额填列。

49."未分配利润"项目，反映企业尚未分配的利润。本项目应根据"本年利润"科目和"利润分配"科目的余额计算填列。未弥补的亏损在本项目内以"-"号填列。

【例 7-1】资产负债表的编制

北方建筑公司 2×17 年 12 月 31 日的资产负债表（年初余额略）及 2×18 年 12 月 31 日的科目余额表分别见表 7-2 和表 7-3。假设该公司 2×18 年度除计提固定资产减值准备导致固定资产账面价值与其计税基础存在可抵扣暂时性差异外，其他资产和负债项目的账面价值均等于其计税基础。

假定该公司未来很可能获得足够的应纳税所得额用来抵扣可抵扣暂时性差异，适用的所得税税率为 25%。根据上述资料编制的该公司 2×18 年度的资产负债表如表 7-4 所示。

表 7-2　资产负债表

会企 01 表

编制单位：北方建筑公司　　　　　　　日期：2×17 年 12 月 31 日　　　　　　　单位：元

资产	期末余额	上年年末余额	负债和所有者权益（或股东权益）	期末余额	上年年末余额
流动资产：			流动负债：		
货币资金	1 406 300		短期借款	300 000	
交易性金融资产	15 000		交易性金融负债	0	
衍生金融资产	0		衍生金融负债	0	

续表

资产	期末余额	上年年末余额	负债和所有者权益（或股东权益）	期末余额	上年年末余额
应收票据	246 000		应付票据	200 000	
应收账款	299 100		应付账款	953 800	
应收款项融资	0		预收款项	500 000	
预付款项	100 000		合同负债	0	
其他应收款	5 000		应付职工薪酬	110 000	
存货	2 580 000		应交税费	36 600	
合同资产	0		其他应付项	500 000	
持有待售资产	0		持有待售负债	0	
一年内到期的非流动资产	0		一年内到期的非流动负债	501 000	
其他流动资产	100 000		其他流动负债	0	
流动资产合计	4 751 400		流动负债合计	2 651 400	
非流动资产：			非流动负债：		
债券投资	0		长期借款	600 000	
其他债券投资	0		应付债券	0	
长期应收款	0		其中：优先股	0	
长期股权投资	250 000		永续债	0	
其他权益工具投资	0		租赁负债	0	
其他非流动金融资产	0		长期应付款	0	
投资性房地产	0		预计负债	0	
固定资产	1 100 000		递延收益	0	
在建工程	1 500 000		递延所得税负债	0	
生产性生物资产	0		其他非流动负债	0	
油气资产	0		非流动负债合计	600 000	

资产	期末余额	上年年末余额	负债和所有者权益（或股东权益）	期末余额	上年年末余额
使用权资产	0		负债合计	3 251 400	
无形资产	600 000		所有者权益（或股东权益）：		
开发支出	0		实收资本（或股本）	5 000 000	
商誉	0		其他权益工具	0	
长期待摊费用	0		其中：优先股	0	
递延所得税资产	0		永续债	0	
其他非流动资产	200 000		资本公积	0	
非流动资产合计	3 650 000		减：库存股	0	
			其他综合收益	0	
			专项储备	0	
			盈余公积	100 000	
			未分配利润	50 000	
			所有者权益（或股东权益）合计	5 150 000	
资产总计	8 401 400		负债和股东权益总计	8 401 400	

表7-3 科目余额表

单位：元

科目名称	借方余额	科目名称	贷方余额
库存现金	125 566.75	短期借款	50 000
银行存款	344 943.25	应付票据	100 000
其他货币资金	240 690	应付账款	603 800
交易性金融资产	0	应付股利	100 000
应收票据	46 000	预收账款	350 000
应收账款	600 100	其他应付款	50 000

续表

科目名称	借方余额	科目名称	贷方余额
坏账准备	1 600	应付职工薪酬	180 000
预付账款	100 000	应交税费	100 000
其他应收款	5 000	应付利息	0
材料采购	305 000	应付股利	0
原材料	732 000	一年内到期的长期负债	0
周转材料	230 000	长期借款	1 160 000
库存商品	1 287 700	股本	5 000 000
材料成本差异	20 000	盈余公积	166 621.10
其他流动资产	7 125	利润分配（未分配利润）	108 037.15
长期股权投资	250 000		
固定资产	2 401 000		
累计折旧	140 000		
固定资产减值准备	30 000		
工程物资	100 000		
在建工程	603 933.25		
无形资产	600 000		
累计摊销	30 000		
递延所得税资产	7 500		
其他长期资产	162 500		
合计	7 968 458.25	合计	7 968 458.25

表 7-4 资产负债表

会企 01 表

编制单位：北方建筑公司　　　　　　　日期：2×18 年 12 月 31 日　　　　　　　单位：元

资产	期末余额	上年年末余额	负债和所有者权益（或股东权益）	期末余额	上年年末余额
流动资产：			流动负债：		

续表

资产	期末余额	上年年末余额	负债和所有者权益（或股东权益）	期末余额	上年年末余额
货币资金	712 200	1 406 300	短期借款	50 000	300 000
交易性金融资产	0	15 000	交易性金融负债	0	0
衍生金融资产	0	0	衍生金融负债	0	0
应收票据	46 000	246 000	应付票据	100 000	200 000
应收账款	598 500	299 100	应付账款	603 800	953 800
应收款项融资	0	0	预收款项	350 000	500 000
预付款项	100 000	100 000	合同负债	0	0
其他应收款	5 000	5 000	应付职工薪酬	180 000	110 000
存货	2 574 700	2 580 000	应交税费	100 000	36 600
合同资产	0	0	其他应付项	150 000	50 000
持有待售资产	0	0	持有待售负债	0	0
一年内到期的非流动资产	0	0	一年内到期的非流动负债	0	501 000
其他流动资产	7 125	100 000	其他流动负债	0	0
流动资产合计	4 043 525	4 751 400	流动负债合计	1 533 800	2 651 400
非流动资产：			非流动负债：		
债券投资	0	0	长期借款	1 160 000	600 000
其他债券投资	0	0	应付债券	0	0
长期应收款	0	0	其中：优先股	0	0
长期股权投资	250 000	250 000	永续债	0	0
其他权益工具投资	0	0	租赁负债	0	0
其他非流动金融资产	0	0	长期应付款	0	0
投资性房地产	0	0	预计负债	0	0

续表

资产	期末余额	上年年末余额	负债和所有者权益（或股东权益）	期末余额	上年年末余额
固定资产	2 231 000	1 100 000	递延收益	0	0
在建工程	703 933.25	1 500 000	递延所得税负债	0	0
生产性生物资产	0	0	其他非流动负债	0	0
油气资产	0	0	非流动负债合计	1 160 000	600 000
使用权资产	0	0	负债合计	2 693 800	3 251 400
无形资产	570 000	600 000	所有者权益（或股东权益）：		
开发支出	0	0	实收资本（或股本）	5 000 000	5 000 000
商誉	0	0	其他权益工具	0	0
长期待摊费用	0	0	其中：优先股	0	0
递延所得税资产	7 500	0	永续债	0	0
其他非流动资产	162 500	200 000	资本公积	0	0
非流动资产合计	3 924 933.25	3 650 000	减：库存股	0	0
			其他综合收益	0	0
			专项储备	0	0
			盈余公积	166 621.1	100 000
			未分配利润	108 037.15	50 000
			所有者权益（或股东权益）合计	5 274 658.25	5 150 000
资产总计	7 968 458.25	8 401 400	负债和股东权益总计	7 968 458.25	8 401 400

7.3 利润表

7.3.1 利润表的概念和作用

利润表是指反映企业在一定会计期间的经营成果的报表。利润表可以反映企业在一定会计期间收入、费用、利润（或亏损）的数额、构成情况，帮助财务报表使用者全面了解企业的经营成果，分析企业的获利能力及盈利增长趋势，从而为其做出经济决策提供依据。

7.3.2 利润表的格式及内容

我国企业利润表采用多步式格式，如表7-5所示。

表7-5 利润表

会企02表

编制单位：　　　　　　　　　　　年　月　　　　　　　　　　单位：元

项目	本期金额	上期金额
一、营业收入		
减：营业成本		
税金及附加		
销售费用		
管理费用		
研发费用		
财务费用		
其中：利息费用		
利息收入		
加：其他收益		
投资收益（损失以"-"号填列）		
其中：对联营企业和合营企业的投资收益		

续表

项目	本期金额	上期金额
以摊余成本计量的金融资产终止确认收益（损失以"－"号填列）		
净敞口套期收益（损失以"－"号填列）		
公允价值变动收益（损失以"－"号填列）		
信用减值损失（损失以"－"号填列）		
资产减值损失（损失以"－"号填列）		
资产处置收益（损失以"－"号填列）		
二、营业利润（亏损以"－"号填列）		
加：营业外收入		
减：营业外支出		
三、利润总额（亏损总额以"－"号填列）		
减：所得税费用		
四、净利润（净亏损以"－"号填列）		
（一）持续经营净利润（净损失以"－"号填列）		
（二）终止经营净利润（净损失以"－"号填列）		
五、其他综合收益的税后净额：		
（一）不能重分类进损益的其他综合收益		
1.重新计量设定受益计划变动额		
2.权益法下不能转损益的其他综合收益		
3.其他权益工具投资公允价值变动		
4.企业自身信用风险公允价值变动		
……		
（二）将重分类进损益的其他综合收益		
1.权益法下可转损益的其他综合收益		
2.其他债券投资公允价值变动		

项目	本期金额	上期金额
3. 金融资产重分类计入其他综合收益的金额		
4. 其他债券投资信用减值准备		
5. 现金流量套期储备		
6. 外币财务报表折算差额		
……		
六、综合收益总额		
七、每股收益		
（一）基本每股收益		
（二）稀释每股收益		

7.3.3 利润表的编制

1. 利润表项目的填列

利润表各项目均需填列"本期金额"和"上期金额"两栏。在编制中期利润表时，"本期金额"栏应分为"本期金额"和"年初至本期末累计发生额"两栏，分别填列各项目本中期（月、季或半年）各项目实际发生额，以及自年初起至本中期（月、季或半年）末止的累计实际发生额。"上期金额"栏应分为"上年可比本中期金额"和"上年初至可比本中期末累计发生额"两栏，应根据上年可比中期利润表"本期金额"下对应的两栏数字分别填列。上年度利润表与本年度利润表的项目名称和内容不一致的，应对上年度利润表项目的名称和数字按本年度的规定进行调整。年终结账时，由于全年的收入和支出已全部转入"本年利润"科目，并且通过收支对比结出本年净利润的数额，因此，企业应将年度利润表中的"净利润"数字，与"本年利润"科目结转到"利润分配——未分配利润"科目的数字相核对，检查账簿记录和报表编制的正确性。

在利润表中，"本期金额""上期金额"栏内的各项数字，除"每股收益"

项目外，应当按照相关科目发生额分析填列。

2. 利润表项目的填列说明（见表 7-6）

表 7-6　利润表项目的填列说明

利润表项目	反映内容	填列说明
"营业收入"	反映企业经营主要业务和其他业务所确认的收入总额	据"主营业务收入"和"其他业务收入"科目的发生额分析填列
"营业成本"	反映企业经营主要业务和其他业务所发生的成本总额	据"主营业务成本"和"其他业务成本"科目的发生额分析填列
"税金及附加"	反映企业经营业务应负担的消费税、城市建设维护税、资源税、土地增值税和教育费附加等	据"税金及附加"科目的发生额分析填列
"销售费用"	反映企业在销售商品过程中发生的包装费、广告费等费用和为销售本企业商品而专设的销售机构的职工薪酬、业务费等经营费用	据"销售费用"科目的发生额分析填列
"管理费用"	反映企业为组织和管理生产经营发生的管理费用	据"管理费用"的发生额分析填列
"研发费用"	反映企业进行研究与开发过程中发生的费用化支出，以及计入管理费用的自行开发无形资产的摊销	据"管理费用"科目下的"研究费用"和"无形资产摊销"明细科目的发生额分析填列。
"财务费用"	反映企业筹集生产经营所需资金等而发生的筹资费用	据"财务费用"科目的发生额分析填列
"利息费用"	反映企业为筹集生产经营所需资金等而发生的应予费用化的利息支出	据"财务费用"科目的相关明细科目的发生额分析填列
"利息收入"	反映企业按照相关会计准则确认的应冲减财务费用的利息收入	据"财务费用"科目的相关明细科目的发生额分析填列
"其他收益"	反映计入其他收益的政府补助，以及其他与日常活动相关且计入其他收益的项目	据"其他收益"科目的发生额分析填列

续表

利润表项目	反映内容	填列说明
"投资收益"	反映企业以各种方式对外投资所取得的收益	据"投资收益"科目的发生额分析填列。如为投资损失，本项目以"-"号填列
"以摊余成本计量的金融资产终止确认收益"	反映企业因转让等情形导致终止确认以摊余成本计量的金融资产而产生的利得或损失	据"投资收益"科目的相关明细科目的发生额分析填列；如为损失，以"-"号填列
"净敞口套期收益"	反映净敞口套期下被套期项目累计公允价值变动转入当期损益的金额或现金流量套期储备转入当期损益的金额	据"净敞口套期损益"科目的发生额分析填列；如为套期损失，以"-"号填列
"公允价值变动收益"	反映企业应当计入当期损益的资产或负债公允价值变动收益	据"公允价值变动损益"科目的发生额分析填列，如为净损失，本项目以"-"号填列
"信用减值损失"	反映企业按照《企业会计准则第22号——金融工具确认和计量》的要求计提的各项金融工具信用减值准备所确认的信用损失	据"信用减值损失"科目的发生额分析填列
"资产减值损失"	反映企业各项资产发生的减值损失	据"资产减值损失"科目的发生额分析填列
"资产处置收益"	反映企业出售划分为持有待售的非流动资产（金融工具、长期股权投资和投资性房地产除外）或处置组（子公司和业务除外）时确认的处置利得或损失，以及处置未划分为持有待售的固定资产、在建工程、生产性生物资产及无形资产而产生的处置利得或损失	据"资产处置损益"科目的发生额分析填列；如为处置损失，以"-"号填列
"营业利润"	反映企业实现的营业利润	如为亏损，本项目以"-"号填列
"营业外收入"	反映企业发生的除营业利润以外的收益	据"营业外收入"科目的发生额分析填列

续表

利润表项目	反映内容	填列说明
"营业外支出"	反映企业发生的除营业利润以外的支出	据"营业外支出"科目的发生额分析填列
"利润总额"	反映企业实现的利润	如为亏损，本项目以"－"号填列
"所得税费用"	反映企业应从当期利润总额中扣除的所得税费用	据"所得税费用"科目的发生额分析填列
"净利润"	反映企业实现的净利润	如为亏损，本项目以"－"号填列
"持续经营净利润"	反映净利润中与持续经营相关的净利润	按照《企业会计准则第 42 号——持有待售的非流动资产、处置组和终止经营》的相关规定分别列报
"终止经营净利润"	反映净利润中与终止经营相关的净利润	按照《企业会计准则第 42 号——持有待售的非流动资产、处置组和终止经营》的相关规定分别列报
"其他权益工具投资公允价值变动"	反映企业指定为以公允价值计量且其变动计入其他综合收益的非交易性权益工具投资发生的公允价值变动	据"其他综合收益"科目的相关明细科目的发生额分析填列
"企业自身信用风险公允价值变动"	反映企业指定为以公允价值计量且其变动计入当期损益的金融负债，由企业自身信用风险变动引起的公允价值变动而计入其他综合收益的金额	据"其他综合收益"科目的相关明细科目的发生额分析填列
"其他债权投资公允价值变动"	反映企业分类为以公允价值计量且其变动计入其他综合收益的债权投资发生的公允价值变动	据"其他综合收益"科目下的相关明细科目的发生额分析填列
金融资产重分类计入其他综合收益的金额	反映企业将一项以摊余成本计量的金融资产重分类为以公允价值计量且其变动计入其他综合收益的金融资产时，计入其他综合收益的原账面价值与公允价值之间的差额	据"其他综合收益"科目下的相关明细科目的发生额分析填列

利润表项目	反映内容	填列说明
"其他债权投资信用减值准备"	反映企业按照《企业会计准则第22号——金融工具确认和计量》第十八条分类为以公允价值计量且其变动计入其他综合收益的金融资产的损失准备	据"其他综合收益"科目下的"信用减值准备"明细科目的发生额分析填列
"现金流量套期储备"	反映企业套期工具产生的利得或损失中属于套期有效的部分	据"其他综合收益"科目下的"套期储备"明细科目的发生额分析填列。

3. 利润表编制示例

【例 7-2】利润表的编制

北方建筑公司 2×18 年度损益类科目的本年累计发生净额如表 7-7 所示。

表 7-7　损益类科目 2×18 年度累计发生净额

科目名称	借方发生额	贷方发生额
主营业务收入		2 470 000
主营业务成本	732 000	
税金及附加	20 000	
销售费用	180 000	
管理费用	153 100	
财务费用	40 500	
资产减值损失	30 800	
投资收益		95 000
营业外收入		150 000
营业外支出	18 500	
所得税费用	205 000	

根据上述资料，编制该公司 2×18 年度利润表，如表 7-8 所示。

表 7-8　利润表格式

会企 02 表

编制单位：北方建筑公司　　　　　　　　2018 年度　　　　　　　　单位：元

项目	本期金额	上期金额
一、营业收入	2 470 000	
减：营业成本	732 000	
税金及附加	20 000	
销售费用	180 000	
管理费用	153 100	
研发费用		
财务费用	40 500	
其中：利息费用		
利息收入		
加：其他收益		
投资收益（损失以"－"号填列）	95 000	
其中：对联营企业和合营企业的投资收益	0	
以摊余成本计量的金融资产终止确认收益（损失以"－"号填列）		
净敞口套期收益（损失以"－"号填列）		
公允价值变动收益（损失以"－"号填列）	0	
信用减值损失（损失以"－"号填列）		
资产减值损失（损失以"－"号填列）	30 800	
资产处置收益（损失以"－"号填列）		
二、营业利润（亏损以"－"号填列）	1 408 600	
加：营业外收入	150 000	
减：营业外支出	18 500	
三、利润总额（亏损总额以"－"号填列）	1 540 100	
减：所得税费用	205 000	

续表

项目	本期金额	上期金额
四、净利润（净亏损以"-"号填列）	133 510	
（一）持续经营净利润（净损失以"-"号填列）		
（二）终止经营净利润（净损失以"-"号填列）		
五、其他综合收益的税后净额：		
（一）不能重分类进损益的其他综合收益		
1. 重新计量设定受益计划变动额		
2. 权益法下不能转损益的其他综合收益		
3. 其他权益工具投资公允价值变动		
4. 企业自身信用风险公允价值变动		
……		
（二）将重分类进损益的其他综合收益		
1. 权益法下可转损益的其他综合收益		
2. 其他债券投资公允价值变动		
3. 金融资产重分类计入其他综合收益的金额		
4. 其他债券投资信用减值准备		
5. 现金流量套期储备		
6. 外币财务报表折算差额		
……		
六、综合收益总额		
七、每股收益		
（一）基本每股收益		
（二）稀释每股收益		

7.4　现金流量表

7.4.1　现金流量表的概念和作用

现金流量表是反映企业在一定会计期间现金和现金等价物流入和流出的报表。

通过现金流量表，企业可以为报表使用者提供企业一定会计期间内现金和现金等价物流入和流出的信息，便于使用者了解和评价企业获取现金和现金等价物的能力，据以预测企业未来现金流量。

7.4.2　现金流量及其分类

现金流量的相关概念介绍见表 7-9。现金流量的分类及产生见表 7-10。

表 7-9　现金流量的相关概念

概念	具体含义	相关说明
现金流量	一定会计期间内企业现金和现金等价物的流入和流出	企业从银行提取现金、用现金购买短期到期的国库券等现金和现金等价物之间的转换不属于现金流量
现金	企业库存现金以及可以随时用于支付的存款，包括库存现金、银行存款和其他货币资金（如外埠存款、银行汇票存款、银行本票存款等）等	不能随时用于支付的存款不属于现金
现金等价物	企业持有的期限短、流动性强、易于转换为已知金额现金、价值变动风险很小的投资。期限短，一般是指从购买日起三个月内到期	通常包括三个月内到期的债券投资等。权益性投资变现的金额通常不确定，因而不属于现金等价物。企业应当根据具体情况，确定现金等价物的范围，一经确定不得随意变更

表 7-10　现金流量的分类及产生

现金流量的分类	相关活动的概念	现金流的产生途径
经营活动产生的现金流量	经营活动：企业投资活动和筹资活动以外的所有交易和事项	销售商品或提供劳务、购买商品、接受劳务、支付工资和交纳税款等流入和流出的现金和现金等价物

续表

现金流量的分类	相关活动的概念	现金流的产生途径
投资活动产生的现金流量	投资活动：企业长期资产的购建和不包括在现金等价物范围内的投资及其处置活动	购建固定资产、处置子公司及其他营业单位等流入和流出的现金和现金等价物
筹资活动产生的现金流量	筹资活动：导致企业资本及债务规模和构成发生变化的活动	吸收投资、发行股票、分配利润、发行债券、偿还债务等流入和流出的现金和现金等价物。偿付应付账款、应付票据等商业应付款等属于经营活动，不属于筹资活动

7.4.3　现金流量表的结构和内容

我国企业现金流量表采用报告式结构，分类反映经营活动产生的现金流量、投资活动产生的现金流量和筹资活动产生的现金流量，最后汇总反映企业某一期间现金及现金等价物的净增加额。我国企业现金流量表的格式如表7-11 所示。

表 7-11　现金流量表

会企 03 表

编制单位：　　　　　　　　　　　　　年　月　　　　　　　　　　　　单位：元

项目	本期金额	上期金额
一、经营活动产生的现金流量		
销售商品、提供劳务收到的现金		
收到的税费返还		
收到其他与经营活动有关的现金		
经营活动现金流入小计		
购买商品、接受劳务支付的现金		
支付给职工以及为职工支付的现金		
支付的各项税费		
支付其他与经营活动有关的现金		
经营活动现金流出小计		

续表

项目	本期金额	上期金额
经营活动产生的现金流量净额		
二、投资活动产生的现金流量		
收回投资收到的现金		
取得投资收益收到的现金		
处置固定资产、无形资产和其他长期资产收回的现金净额		
处置子公司及其他营业单位收到的现金净额		
收到其他与投资活动有关的现金		
投资活动现金流入小计		
购建固定资产、无形资产和其他长期资产支付的现金		
投资支付的现金		
取得子公司及其他营业单位支付的现金净额		
支付其他与投资活动有关的现金		
投资活动现金流出小计		
投资活动产生的现金流量净额		
三、筹资活动产生的现金流量：		
吸收投资收到的现金		
取得借款收到的现金		
收到其他与筹资活动有关的现金		
筹资活动现金流入小计		
偿还债务支付的现金		
分配股利、利润或偿付利息支付的现金		
支付其他与筹资活动有关的现金		
筹资活动现金流出小计		
筹资活动产生的现金流量净额		
四、汇率变动对现金及现金等价物的影响		

续表

项目	本期金额	上期金额
五、现金及现金等价物净增加额		
加：期初现金及现金等价物余额		
六、期末现金及现金等价物余额		

7.4.4 现金流量表的编制

企业应当采用直接法列示经营活动产生的现金流量。直接法，是指通过现金收入和现金支出的主要类别列示经营活动的现金流量。企业采用直接法编制经营活动的现金流量时，一般以利润表中的营业收入为起算点，调整与经营活动有关的项目的增减变动，然后计算出经营活动的现金流量。企业采用直接法具体编制现金流量表时，可以采用工作底稿法或 T 型账户法，也可以根据有关科目记录分析填列。经营活动产生的现金流量见表 7-12。投资活动产生的现金流量见表 7-13。筹资活动产生的现金流量见表 7-14。

表 7-12 经营活动产生的现金流量

"销售商品、提供劳务收到的现金"	反映企业本年销售商品、提供劳务收到的现金，以及以前年度销售商品、提供劳务本年收到的现金（包括应向购买者收取的增值税销项税额）和本年预收的款项，减去本年销售本年退回商品和以前年度销售本年退回商品支付的现金。企业销售材料和代购代销业务收到的现金，也在本项目反映
"收到的税费返还"	反映企业收到返还的所得税、增值税、消费税、关税和教育费附加等各种税费返还款
"收到其他与经营活动有关的现金"	反映企业经营租赁收到的租金等其他与经营活动有关的现金流入，金额较大的应当单独列示
"购买商品、接受劳务支付的现金"	反映企业本年购买商品、接受劳务实际支付的现金（包括增值税进项税额），以及本年支付以前年度购买商品、接受劳务的未付款项和本年预付款项，减去本年发生的购货退回收到的现金。企业购买材料和代购代销业务支付的现金，也在本项目反映

续表

"支付给职工以及为职工支付的现金"	反映企业本年实际支付给职工的工资、资金、各种津贴和补贴等职工薪酬（包括代扣代缴的职工个人所得税）
支付的各项税费"	反映企业本年发生并支付、以前各年发生本年支付以及预交的各项税费，包括所得税、增值税、消费税、印花税、房产税、土地增值税、车船使用税、教育费附加等
"支付其他与经营活动有关的现金"	反映企业经营租赁支付的租金、支付的差旅费、业务招待费、保险费、罚款支出等其他与经营活动有关的现金流出，金额较大的应当单独列示

表 7-13　投资活动产生的现金流量

"收回投资收到的现金"	反映企业出售、转让或到期收回除现金等价物以外的对其他企业长期股权投资而收到的现金，但处置子公司及其他营业单应收到的现金净额除外
"取得投资收益收到的现金"	反映企业除现金等价物以外的对其他企业的长期股权投资等分回的现金股利和利息等
"处置固定资产、无形资产和其他长期资产收回的现金净额"	反映企业出售、报废固定资产、无形资产和其他长期资产所取得的现金（包括因资产毁损而收到的保险赔偿收入），减去为处置这些资产而支付的有关费用后的净额
"处置子公司及其他营业单应收到的现金净额"	反映企业处置子公司及其他营业单位所取得的现金，减去相关处置费用以及子公司及其他营业单位持有的现金和现金等价物后的净额
"购建固定资产、无形资产和其他长期资产支付的现金"	反映企业购买、建造固定资产、取得无形资产和其他长期资产所支付的现金（含增值税款等），以及用现金支付的应由在建工程和无形资产负担的职工薪酬
"投资支付的现金"	反映企业取得除现金等价物以外的对其他企业的长期股权投资所支付的现金以及支付的佣金、手续费等附加费用，但取得子公司及其他营业单位支付的现金净额除外
"取得子公司及其他营业单位支付的现金净额"	反映企业购买子公司及其他营业单位购买出价中以现金支付的部分，减去子公司及其他营业单位持有的现金和现金等价物后的净额
"收到其他与投资活动有关的现金"与"支付其他与投资活动有关的现金"	反映企业除本表上述项目外收到或支付的其他与投资活动有关的现金，金额较大的应当单独列示

表7-14 筹资活动产生的现金流量

"吸收投资收到的现金"	反映企业以发行股票、债券等方式筹集资金实际收到的款项，减去直接支付的佣金、手续费、宣传费、咨询费、印刷费等发行费用后的净额
"取得借款收到的现金"	反映企业举借各种短期、长期借款而收到的现金
"偿还债务支付的现金"	反映企业为偿还债务本金而支付的现金
"分配股利、利润或偿付利息支付的现金"	反映企业实际支付的现金股利、支付给其他投资单位的利润或用现金支付的借款利息、债券利息。
"收到其他与筹资活动有关的现金""支付其他与筹资活动有关的现金"	反映企业除本表上述项目外收到或支付的其他与筹资活动有关的现金，金额较大的应当单独列示

"汇率变动对现金及现金等价物的影响"项目，反映下列项目之间的差额。

（1）企业外币现金流量折算为记账本位币时，采用现金流量发生日的即期汇率近似的汇率折算的金额（编制合并现金流量表时折算境外子公司的现金流量，应当比照处理）。

（2）企业外币现金及现金等价物净增加额按年末汇率折算的金额填列。

【例7-3】现金流量表的编制

沿用案例6.1和案例6.2的资料，北方建筑公司其他相关资料如下。

1. 2×18年度利润表有关项目的明细资料

（1）管理费用的组成：职工薪酬80 000元，无形资产摊销30 000元，折旧费20 000元，支付其他费用23 100元。

（2）财务费用的组成：计提借款利息10 500元，支付应收票据（银行承兑汇票）贴现利息30 000元。

（3）资产减值损失的组成：计提坏账准备800元，计提固定资产减值准备30 000元。上年年末坏账准备的余额为800元。

（4）投资收益的组成：收到股息收入90 500元，与本金一起收回的交易性股票投资收益500元，自公允价值变动损益结转投资收益4 000元。

（5）营业外收入的组成：处置固定资产净收益150 000元（其所处置固定资产原价为400 000元，累计折旧为250 000元。收到处置收入300 000元）。假定不考虑与固定资产处置有关的税费。

（6）营业外支出的组成：报废固定资产净损失 18 500 元（其所报废固定资产原价为 200 000 元，累计折旧为 180 000 元，支付清理费用 300 元，收到残值收入 1 800 元）。

（7）所得税费用的组成：当期所得税费用 212 500 元，递延所得税收益 7 500 元。

除上述项目外，利润表中的销售费用 180 000 元至期末已经支付。

2. 资产负债表有关项目的明细资料

（1）本期收回交易性股票投资本金 15 000 元、公允价值变动 4 000 元，同时实现投资收益 500 元。

（2）存货中生产成本、制造费用的组成：职工薪酬 353 800 元。折旧费 90 000 元。

（3）应交税费的组成：本期增值税进项税额 165 512 元，增值税销项税额 207 536 元，已交增值税 10 000 元；应交所得税期末余额为 21 376 元，应交所得税期初余额为 0；应交税费期末数中应由在建工程负担的部分为 100 000 元。

（4）应付职工薪酬的期初数无应付在建工程人员的部分，本期支付在建工程人员职工薪酬 200 000 元。应付职工薪酬的期末数中应付在建工程人员的部分为 25 000 元。

（5）应付利息均为短期借款利息，其中本期计提利息 10 500 元，支付利息 10 500 元。

（6）本期用现金购买固定资产 1 200 000 元，工程物资 100 000 元。

（7）本期用现金偿还短期借款 250 000 元，偿还一年内到期的长期借款 501 000 元；借入长期借款 560 000 元。

根据以上资料，采用分析填列的方法，编制北方公司 2×18 年度的现金流量表。

北方公司 2×18 年度现金流量表各项目金额的分析确定

（1）销售商品、提供劳务收到的现金

＝主营业务收入＋应交税费（应交增值税——销项税额）＋（应收账款年初余额－应收账款期末余额）＋（应收票据年初余额－应收票据期末余额）－当期计提的坏账准备－票据贴现的利息＋（预收账款期末余额－预收账款年初余额）

＝2 470 000＋207 536＋（299 100－598 500）＋（246 000－46 000）－800－30 000＋（350 000－500 000）＝2 397 336（元）

（2）购买商品、接受劳务支付的现金

＝主营业务成本＋应交税费（应交增值税——进项税额）－（存货年初余额－存货期末余额）＋（应付账款年初余额－应付账款期末余额）＋（应付票据年初余额－应付

票据期末余额）+（预付账款期末余额－预付账款年初余额）－当期列入生产成本、制造费用的职工薪酬－当期列入生产成本、制造费用的折旧费和固定资产修理费

=732 000+165 512－（2 580 000－2 574 700）+（953 800－603 800）+（200 000－100 000）+（100 000－100 000）－353 800－90 000

=898 412（元）

（3）支付给职工以及为职工支付的现金

=生产成本、制造费用、管理费用中职工薪酬+（应付职工薪酬年初余额－应付职工薪酬期末余额）－[应付职工薪酬（在建工程）年初余额－应付职工薪酬（在建工程）期末余额]

=353 800+80 000+（110 000－180 000）－（0－25 000）

=388 800（元）

（4）支付的各项税费

=当期所得税费用+税金及附加+应交税费（应交增值税——已交税金）－（应交所得税期末余额－应交所得税期初余额）

=212 500+20 000+100 000－（21 376－0）

=311 124（元）

（5）支付其他与经营活动有关的现金=其他管理费用+销售费用

=23 100+180 000

=203 100（元）

（6）收回投资收到的现金

=交易性金融资产贷方发生额+与交易性金融资产一起收回的投资收益

=19 000+500

=19 500（元）

（7）取得投资收益所收到的现金

=收到的股息收入

=90 500（元）

（8）处置固定资产收回的现金净额

=300 000+（1 800－300）

=301 500（元）

（9）购建固定资产支付的现金

＝用现金购买的固定资产、工程物资 + 支付给在建工程人员的薪酬

＝1 200 000+100 000+200 000

＝1 500 000（元）

（10）取得借款所收到的现金 =560 000（元）

（11）偿还债务支付的现金

＝250 000+501 000

＝751 000（元）

（12）偿还利息支付的现金 =10 500（元）

3. 编制现金流量表（见表 7-15）

表 7-15　现金流量表

会企 03 表

编制单位：北方建筑公司　　　　　　2×18 年度　　　　　　单位：元

项目	本期金额	上期金额
一、经营活动产生的现金流量：		略
销售商品、提供劳务收到的现金	2 397 336	
收到的税费返还	0	
收到其他与经营活动有关的现金	0	
经营活动现金流入小计	2 397 336	
购买商品、接受劳务支付的现金	898 412	
支付给职工以及为职工支付的现金	388 800	
支付的各项税费	311 124	
支付其他与经营活动有关的现金	203 100	
经营活动现金流出小计	1 801 436	
经营活动产生的现金流量净额	595 900	
二、投资活动产生的现金流量：		
收回投资收到的现金	19 500	
取得投资收益收到的现金	90 500	

续表

项目	本期金额	上期金额
处置固定资产、无形资产和其他长期资产收回的现金净额	301 500	
处置子公司及其他营业单位收到的现金净额	0	
收到其他与投资活动有关的现金	0	
投资活动现金流入小计	411 500	
购建固定资产、无形资产和其他长期资产支付的现金	1 500 000	
投资支付的现金	0	
取得子公司及其他营业单位支付的现金净额	0	
支付其他与投资活动有关的现金	0	
投资活动现金流出小计	1 500 000	
投资活动产生的现金流量净额	−1 088 500	
三、筹资活动产生的现金流量：		
吸收投资收到的现金	0	
取得借款收到的现金	560 000	
收到其他与筹资活动有关的现金	0	
筹资活动现金流入小计	560 000	
偿还债务支付的现金	751 000	
分配股利、利润或偿付利息支付的现金	10 500	
支付其他与筹资活动有关的现金	0	
筹资活动现金流出小计	761 500	
筹资活动产生的现金流量净额	−201 500	
四、汇率变动对现金及现金等价物的影响	0	
五、现金及现金等价物净增加额	−694 100	
加：期初现金及现金等价物余额	1 406 300	
六、期末现金及现金等价物余额	712 200	

7.5　所有者权益变动表

7.5.1　所有者权益变动表的内容及结构

所有者权益变动表的结构与提供的主要信息如表 7-16 所示。

表 7-16　所有者权益变动表的内容及结构

所有者权益变动表	反映构成所有者权益各组成部分当期增减变动情况的报表
结构	当期损益、直接所有者权益的利得和损失，以及与所有者的资本交易导致的所有者权益的变动分别列示
单独列示反映的信息项目	净利润；直接所有者权益的利得和损失项目及其总额；会计政策变更和差错更正的累积影响金额；所有者投入资本和向所有者分配利润等；提取的盈余公积；实收资本或股本、资本公积、盈余公积、未分配利润的期初和期末余额及其调节情况

所有者权益变动表如表 7-17 所示。

续表

项目	本年金额											上年金额										
	实收资本（或股本）	其他权益工具			资本公积	减：库存股	其他综合收益	专项储备	盈余公积	未分配利润	所有者权益合计	实收资本（或股本）	其他权益工具			资本公积	减：库存股	其他综合收益	专项储备	盈余公积	未分配利润	所有者权益合计
		优先股	永续债	其他									优先股	永续债	其他							
1. 所有者投入的普通股																						
2. 其他权益工具持有者投入资本																						
3. 股份支付计入所有者权益的金额																						
4. 其他																						
（三）利润分配																						
1. 提取盈余公积																						
2. 对所有者（或股东）的分配																						
3. 其他																						

续表

项目	本年金额											上年金额										
	实收资本（或股本）	其他权益工具			资本公积	减：库存股	其他综合收益	专项储备	盈余公积	未分配利润	所有者权益合计	实收资本（或股本）	其他权益工具			资本公积	减：库存股	其他综合收益	专项储备	盈余公积	未分配利润	所有者权益合计
		优先股	永续债	其他									优先股	永续债	其他							
（四）所有者权益内部结转																						
1. 资本公积转增资本（或股本）																						
2. 盈余公积转增资本（或股本）																						
3. 盈余公积弥补亏损																						
4. 设定受益计划变动额结转留存收益																						
5. 其他综合收益结转留存收益																						
6. 其他																						
四、本年年末余额																						

7.5.2　所有者权益变动表的填列方法

1.“上年年末余额”项目，反映企业上年资产负债表中实收资本（或股本）、资本公积、库存股、盈余公积、未分配利润的年末余额。

2.“会计政策变更”“前期差错更正”项目，分别反映企业采用追溯调整法处理的会计政策变更的累积影响金额和采用追溯重述法处理的会计差错更正的累积影响金额。

3.“本年增减变动额”项目（见表 7-18）。

表 7-18　“本年增减变动额”项目

项目	概念	具体内容
“净利润”	反映企业当年实现的净利润（或净亏损）金额	
“直接所有者权益的利得和损失”	反映企业当年直接所有者权益的利得和损失金额	“可供出售金融资产公允价值变动净额”：反映企业持有的可供出售金融资产当年公允价值变动的金额
		“权益法下被投资单位其他所有者权益变动的影响”：反映企业对按照权益法核算的长期股权投资，在被投资单位除当年实现的净损益以外其他所有者权益当年变动中应享有的份额
		“与所有者权益项目相关的所得税影响”：反映企业根据《企业会计准则第 18 号——所得税》规定应所有者权益项目的当年所得税影响金额
“所有者投入和减少资本”	反映企业当年所有者投入的资本和减少的资本	“所有者投入资本”：反映企业接受投资者投入形成的实收资本（或股本）和资本溢价或股本溢价
		“股份支付所有者权益的金额”：反映企业处于等待期中的权益结算的股份支付当年资本公积的金额
“利润分配”	反映企业当年的利润分配金额	“提取盈余公积”：反映企业按照规定提取的盈余公积
		“对所有者（或股东）的分配”：反映对所有者（或股东）分配的利润（或股利）金额

项目	概念	具体内容
"所有者权益内部结转"	反映企业构成所有者权益的组成部分之间的增减变动情况	"资本公积转增资本（或股本）"：反映企业以资本公积转增资本或股本的金额
		"盈余公积转增资本（或股本）"：反映企业以盈余公积转增资本或股本的金额
		"盈余公积弥补亏损"：反映企业以盈余公积弥补亏损的金额

【例 7-4】所有者权益变动表的编制

沿用【例 6-1】、【例 6-2】和【例 6-3】的资料，北方建筑公司的其他相关资料为：提取盈余公积 66 621.10 元，向投资者分配现金股利 1 210 441.75 元。

根据上述资料，北方建筑公司编制的 2×18 年度所有者权益变动表。如表 7-19 所示。

表 7-19　所有者权益变动表

编制单位：北方建筑公司　　　　　　　　　　2×18 年度　　　　　　　　　　　　　　　　　　　　　　会企 04 表
单位：元

项　目	本年金额							上年金额（略）						
	实收资本（或股本）	资本公积	减：库存股	其他综合收益	盈余公积	未分配利润	所有者权益合计	实收资本（或股本）	资本公积	减：库存股	其他综合收益	盈余公积	未分配利润	所有者权益合计
一、上年末余额	5 000 000	0	0	0	100 000	5 0 000	5 150 000							
加：会计政策变更														
前期差错更正														
二、本年初余额	5 000 000	0	0	0	100 000	50 000	5 150 000							
三、本年增减变动金额（减少以"—"号填列）														
（一）综合收益总额						1 335 000	1 335 000							
（二）所有者投入和减少资本														

续表

项目	本年金额							上年金额（略）						
	实收资本（或股本）	资本公积	减：库存股	其他综合收益	盈余公积	未分配利润	所有者权益合计	实收资本（或股本）	资本公积	减：库存股	其他综合收益	盈余公积	未分配利润	所有者权益合计
1. 所有者投入资本														
2. 股份支付计入所有者权益的金额														
3. 其他														
（三）利润分配														
1. 提取盈余公积					66 621.10	-66 621.10	0							
2. 对所有者（或股东）的分配						-1 210 441.75	-1 210 441.75							
3. 其他														
（四）所有者权益内部结转														

续表

项目	本年金额							上年金额（略）						
	实收资本（或股本）	资本公积	减：库存股	其他综合收益	盈余公积	未分配利润	所有者权益合计	实收资本（或股本）	资本公积	减：库存股	其他综合收益	盈余公积	未分配利润	所有者权益合计
1. 资本公积转增资本（或股本）														
2. 盈余公积转增资本（或股本）														
3. 盈余公积弥补亏损														
4. 其他														
四、本年年末余额	5 000 000	0	0	0	166 621.10	108 037.15	5 274 658.25							